LES CHAPELLENIES DE MAYENNE

AVANT LA RÉVOLUTION

(1420 - 1789)

PAR

A. GROSSE-DUPERON

Vice-Président de la Commission historique et archéologique de la Mayenne,
Membre titulaire de la Société historique et archéologique du Maine

MAYENNE

IMPRIMERIE POIRIER FRÈRES

M D CCCC IV

LA TRIBALLE, étude philologique et humoristique sur la foire de la Madeleine de Mayenne, par GROSSE-DUPERON (Extrait du Bulletin historique et archéologique de la Mayenne, 1889). — Laval, LÉON MOREAU. In-8 de 16 pages.

LE CARTULAIRE DE L'ABBAYE DE FONTAINE-DANIEL, texte latin et traduction, par A. GROSSE-DUPERON, et E. GOUVRION. — Mayenne, POIRIER-BEALU, 1896, grand in-8, 430 pages.

L'ABBAYE DE FONTAINE-DANIEL, étude historique, par LES MÊMES AUTEURS. (Ouvrage orné de quatre dessins). — Mayenne, POIRIER-BEALU, 1896, grand in-8. 460 pages.

MAYENNE, album de 12 photogravures de la Ville de Mayenne, avec notes, par A. GROSSE-DUPERON. — Mayenne, POIRIER-BEALU, 1899.

SOUVENIRS DU VIEUX-MAYENNE (Les sieurs de Beauchesne et les Calvairiennes de Mayenne), par A. GROSSE-DUPERON.— (Ouvrage orné de cinq dessins et de deux planches d'autographes). — Mayenne, POIRIER-BEALU, 1900, grand in-8. 470 pages.

LA BASILIQUE DE NOTRE-DAME DE MAYENNE, par A. GROSSE-DUPERON. — Mayenne, POIRIER-BEALU, 1900. Plaquette de 33 pages illustrée des armoiries et du sceau de la Basilique.

LE PRÉAU (aujourd'hui jardin public) DU CHATEAU DE MAYENNE, par A. GROSSE-DUPERON. Ouvrage illustré de deux photogravures et d'un plan de l'ancien Château. — Mayenne. POIRIER-BEALU, 1901. grand in-8, 135 pages.

UNE EXCURSION A LA CHAPELLE DE LA VALLÉE, près de Mayenne, par A. GROSSE-DUPERON. — Mayenne, POIRIER-BEALU, 1901. Plaquette de 40 pages, illustrée de deux planches hors texte en phototypie.

DEUX EXCURSIONS AU PAYS DE SAULGES (Souvenirs d'un touriste) par A. GROSSE-DUPERON. Ouvrage illustré de 5 gravures hors texte en phototypie et d'un plan en deux couleurs. — Mayenne, POIRIER-BEALU, 1901.

L'ANCIEN HOTEL-DIEU DE MAYENNE (dit du Saint-Esprit), par A. GROSSE-DUPERON. Ouvrage illustré de deux photogravures et d'un plan. Mayenne, POIRIER FRÈRES, 1902, grand in-8, 180 pages.

NOMS DES CHEFS DE MAISON DES PAROISSES DE MAYENNE A LA VEILLE DE LA RÉVOLUTION (1787-1788). Ouvrage accompagné d'un plan de la ville, levé en 1811-1812. — Mayenne, POIRIER FRÈRES, 1903, grand in-8, 43 pages.

LES USAGERS DE LA FORÊT DE MAYENNE. Documents divers, publiés par A. GROSSE-DUPERON. Mayenne, BOULY, 1903. grand in-8. 150 pages.

LE COUVENT DES CAPUCINS DE MAYENNE. Etude historique, illustrée de deux gravures hors texte, par A. GROSSE-DUPERON. Mayenne, POIRIER FRÈRES. 1903, grand in-8, 199.

LES

CHAPELLENIES

DE MAYENNE

TIRÉ A DEUX CENTS EXEMPLAIRES
DONT VINGT-CINQ SUR PAPIER HOLLANDE

N°

Sacerdos offerens Hostiam super patenam dicit.

SUSCIPE, Sancte Pater, omnipotens aeterne Deus, hanc immaculatam hostiam, quam ego indignus famulus tuus offero tibi Deo meo vivo & vero; pro innumerabilibus peccatis, & offensionibus, & negligentiis meis; & pro omnibus circumstantibus, sed & pro omnibus fidelibus Christianis, vivis atque defunctis: ut mihi & illis proficiat ad salutem in vitam aeternam. Amen.

OFFERIMUS tibi, Domine, Calicem salutari, tuam deprecantes clementiam; ut in conspectu divinae Majestatis tuae, pro nostra totius mundi salute, cum odore suavitatis ascendat. Amen.

IN spiritu humilitatis, & in animo contrito suscipiamur a te Domine; & sic fiat sacrificium nostrum in conspectu tuo hodie, ut placeat tibi, Domine Deus.

VENI sanctificator omnipotens aeterne Deus, & bene+dic hoc sacrificium tuo sancto nomini praeparatum.

QUI pridie quam pateretur, accepit panem in sanctas ac venerabiles manus suas; & elevatis oculis in coelum ad te Deum Patrem suum omnipotentem, tibi gratias agens, bene+dixit, fregit, deditque Discipulis suis, dicens: Accipite, & manducate ex hoc omnes.

HOC EST ENIM CORPUS MEUM.

SIMILI modo postquam coenatum est, accipiens & hunc praeclarum Calicem in sanctas ac venerabiles manus suas, item tibi gratias agens, bene+dixit, deditque Discipulis suis, dicens: Accipite & bibite ex eo omnes.

HIC EST ENIM CALIX SANGUINIS MEI NOVI ET AETERNI TESTAMENTI, MYSTERIUM FIDEI: QUI PRO VOBIS ET PRO MULTIS EFFUNDETUR IN REMISSIONEM PECCATORUM.

Haec quotiescumque feceritis, in mei memoriam facietis.

LES

CHAPELLENIES

DE MAYENNE

AVANT LA RÉVOLUTION

(1420 - 1789)

PAR

A. GROSSE-DUPERON

**Vice-Président de la Commission historique et archéologique de la Mayenne,
Membre titulaire de la Société historique et archéologique du Maine**

MAYENNE

IMPRIMERIE POIRIER FRÈRES

M. D. CCCC. IV

Le fragment du canon de la messe, placé au titre, a
été photographié par M. Carré, chef de l'Octroi de
Mayenne, que nous ne saurions trop remercier de sa
gracieuseté.

M. Ponthault, notre obligeant collègue de la Commission historique de la Mayenne, nous a offert le devant
de l'autel de la chapelle de Notre-Dame des Bois, en-
carté à la 12ᵉ page. Nous lui en exprimons toute notre
gratitude.

« Point d'immortelles et de chrysanthèmes de deuil
« enguirlandant la couche froide des morts, point de
« pervenches et de myosotis, fleurs éphémères du sou-
« venir, pour masquer la pourriture de la tombe, mais
« du sang, des rosées abondantes du sang du Sauveur...»
Ainsi ont pensé et pensent encore les hommes de foi.
Et ils ont dit :
« Prêtres du Christ, lorsque nos âmes seront remises
« entre les mains de Dieu, notre créateur, versez sur
« elles le sang de la victime du Golgotath, afin qu'elles
« soient purifiées de leurs péchés et puissent être collo-
« quées au royaume céleste avec les bienheureux es-
« prits ».
Ces paroles résument les intentions qu'ont eues les
fondateurs des chapellenies. Leur confiance dans les
mérites infinis de l'Homme-Dieu a été la même chez les
uns et les autres. Chacun d'eux a voulu sauver soi et
les siens des souffrances redoutées du lendemain de la
vie, en consacrant une partie de ses biens au renouvel-
lement journalier ou hebdomadaire du divin sacrifice.
«Que nous importe, n'ont-ils cessé de répéter, le
« myrte odorant, les roses épanouies et vermeilles dont
« vous auréolez nos visages contractés par les affres de
« la mort. Qu'importe le luxe des jardinets semés de
« fleurs d'argent et d'or par lesquels vous cachez la
« poussière de nos corps. Oubliez nos dépouilles mor-
« telles et ne songez qu'à nos âmes ; priez pour nous,
« vous tous qui fûtes nos amis, mais surtout ne cessez
« de répandre le sang de l'agneau, du juste entre les
« justes qui efface les péchés des hommes. »

CHAPELLENIES

DE MAYENNE

LA CHEVARDIÈRE

—

La chapellenie de la Chevardière eut pour fondateur Michel Hellier, bourgeois de Mayenne, qui a sans doute donné son nom à la Cour-Hellier, située à Mayenne, Grande-Rue. Il en passa acte le 27 septembre 1420 et accorda le droit de présentation des chapelains à celui de ses héritiers qui posséderait la Cour de la Chevardière, paroisse d'Aron. Ce bénéfice, desservi en l'église de Notre-Dame de Mayenne, primitivement à l'autel de Saint-Roch, puis aux autels de Saint-Jean-Baptiste, de Saint-Jacques et de Notre-Dame-de-Grâce, était connu sous le nom de Saint-Jacques ou de Saint-Jean de la Chevardière.

Cette chapelle fut décrétée le 26 mars 1456 ; elle était chargée de deux messes par semaine.

Parmi les titulaires de la chapellenie, on trouve, au xviie siècle, deux prêtres du nom de Fortin, l'un chanoine de Saint-Germain-l'Auxerrois et l'autre, prénommé François, qui était professeur au collège d'Harcourt. Il s'agit peut-être de la même personne.

François Pouyvet, prêtre, sieur des Barres, est présenté, en 1692, par René Pouyvet, sieur de la Blinière, son frère, conseiller du roi, contrôleur général de la Vénerie et Fauconnerie de France. Avant d'entrer dans les ordres en 1678, il était juge criminel au duché de Mayenne et avait épousé Gabrielle de Goué.

Ces deux Pouyvet de la Blinière, René, époux de Marie Treton de Fiégirard, et François, l'ancien juge, étaient fils de Michel Pouyvet de Valmary, procureur fiscal au siége du duché de Mayenne et de Françoise Gastin, et avaient pour sœur germaine Marie Pouyvet, mariée à Guy Billard de Lorière, fils unique de René Billard de Branche et de Philippe de Charné. La prise de possession de François Pouyvet eut lieu le 27 mai 1692, devant Michel Davoynes, notaire royal à Mayenne, en présence de Pierre Lépinay, vicaire à Notre-Dame de Mayenne, Jean Pottier, prêtre, et autres. Le titulaire avait pour mandataire, Louis Heuzé, prêtre [1].

François Pouyvet en entrant dans les ordres s'était assigné à lui-même son titre clérical sur la métairie des Barres, paroisse d'Oisseau, dont le revenu annuel était de 300$^{\#}$ [2].

Un prêtre du diocèse de Coutances, Léonard-Antoine Langevin devint ensuite chapelain de Saint-Jacques de la Chevardière, et mourut en 1707.

C'est alors que Jacques du Bois-Motté, écuyer, chanoine prébendé de la cathédrale du Mans, curé de Marolles-lès-Brault, prêtre peu respectable, est présenté à l'agrément de l'évêque pour succéder à Langevin dans le bénéfice de la Chevardière. Il est proposé comme « capable et de bonnes mœurs », par René-Charles de

---

[1] Procuration devant René Romaigné, notaire à Ambrières, du même jour.

[2] Acte devant Michel Davoynes, notaire royal à Mayenne, du 17 octobre 1678.

Montreuil, chevalier, seigneur de la Chaux, de Mondot
et de Béraudière, demeurant à son logis seigneurial de
Vaugeois, paroisse de Neuilly-le-Vendin [1].

Louis de la Vergne de Montenard de Tressan refusa
du Bois-Motté « pour cause d'indignité ».

Qu'était ce Jacques du Bois-Motté ?

Il y a tout lieu de penser qu'on se trouve en présence
d'un fils de Jacques du Bois-Motté, écuyer, paroissien
de la Chapelle-Moche en 1682, et qu'il est le même qu'un
Jacques du Bois-Motté, auquel on conféra au Mans,
le diaconat, en septembre 1688 et la prêtrise trois mois
après. Devenu curé de Marolles-lès-Brault, sa conduite
y devint scandaleuse et il en fut éloigné en vertu de
trois sentences du métropolitain de Tours. Son audace
s'en accrut et il entreprit de s'y maintenir malgré l'évêque du Mans qui avait nommé pour curé de Marolles,
Jacques Lemàgnen, prêtre, bachelier de Sorbonne,

(1) Acte devant René Davoynes, notaire royal et apostolique à Mayenne, du
4 janvier 1708, fait en présence de Joseph Gourdier, sieur de la Gouillardière,
greffier de la maréchaussée à Mayenne, et de François Hay, sieur de la
Grand'Maison, commis au greffe civil et criminel du duché de Mayenne.
René-Charles de Montreuil-la-Chaux était fils de René de la Chaux et de
Lezinne Saint-Denis. De son mariage avec Charlotte Treton de Balladé, qui
eut lieu à Mayenne, le 17 mai 1708, naquirent plusieurs enfants : 1° René-
Charles-Pierre de Montreuil, chevalier, seigneur de la Chaux, de Vaugeois,
Neuilly, de la Pallu, de la Vallée, du Teilleul, de Mondot et de la Béraudière,
mari de Renée-Françoise-Olive Doynel, fille de Jacques Doynel, chevalier,
marquis de Montécot et de Honorée-Thérèse-Olive des Vaux ; 2° Hervé-
Pierre de Montreuil, chevalier ; 3° Charlotte de Montreuil, épouse de Phi-
lippe-Louis de Rotours. La terre et seigneurie de la Béraudière dont il vient
d'être ici question entra dans le domaine de la famille de Montreuil par
Lezinne de Saint-Denis, qui était fille de Pierre de Saint-Denis, chevalier,
seigneur de Grimoux et d'Adrienne Moreau, demeurant au manoir seigneurial de Creux, paroisse de Tirepied, non loin d'Avranches. Lezinne avait
pour sœur Marguerite de Saint-Denis, épouse de René de la Broise. Jean
de Feschal, seigneur de Thuré, possédait la Béraudière en 1554. (Voir Partage devant Mesnage, notaire royal à Mayenne du 12 novembre 1703 et contrat de mariage Montreuil-Doynel, devant Gazengel, tabellion royal à Saint-
James de Beuvron, du 15 décembre 1742).

clerc chapelain des Visitandines de Mamers. Ce nouveau pasteur ayant pris possession, du Bois-Motté voulut former opposition, mais il essuya le refus de trois notaires apostoliques qui ne voulurent pas lui prêter leur concours, et se vit obligé de faire commettre par le lieutenant particulier au siége présidial du Mans, le notaire royal de Marolles, Julien Delacroix. Il donnait ainsi une satisfaction apparente à son orgueil, car il ne pouvait rien espérer que la commisération de ses supérieurs ecclésiastiques.

Le choix de Bois-Motté, pour la chapellenie de la Chevardière, laissait à désirer et d'anciennes relations d'amitié ou des intermédiaires d'une bienveillance excessive l'avaient placé trop haut dans l'estime de Montreuil-la-Chaux. Le refus de l'évêque de lui accorder ce bénéfice ne l'arrêta pas. S'appuyant sur la présentation dont il avait été l'objet et se qualifiant toujours « curé de Marolles », il lui présenta requête le 17 janvier 1708, par acte d'Antoine Joly, notaire royal et apostolique. Le prélat précisa alors les motifs pour lesquels il l'écartait.

Après avoir rappelé :

Que par sentence de l'officialité de Tours, confirmée par celles du métropolitain et du primat, et que par arrêt du parlement de Paris, le sieur du Bois-Motté avait été condamné pour les dérèglements de sa vie et pour sa conduite scandaleuse à se démettre de sa cure de Marolles et à se retirer au séminaire pendant six mois pour y réformer ses mœurs, ce qu'il n'avait pas fait ;

Qu'il avait même continué dans le séminaire ses violences, ses paroles indécentes et ses imprécations, se donnant au diable et négligeant les exercices de la maison ;

Qu'il était tombé dans une ignorance grossière ;

L'évêque déclarait qu'il ne pouvait ni approuver les qualités prises par l'impétrant, ni lui octroyer sa demande, qu'il était indigne d'être pourvu d'aucun bénéfice, ne pouvant être utile à l'église et n'être qu'un sujet de scandale.

Du Bois-Motté saisit l'archevêque de Tours, Mathieu-Isidore d'Hervault de cette affaire, et celui-ci, soit qu'il crût à l'amendement de Bois-Motté et qu'il cédât à une commisération bien habituelle dans le haut clergé, soit qu'il existât quelque vice de procédure dans la décision de l'évêque du Mans ou que l'impétrant bénéficiât de dissentiments entre les deux prélats, la chapellenie de la Chevardière fut accordée au plaideur. Le nouveau chapelain ne s'amenda pas immédiatement du moins. Peu de temps après, Jacques du Bois-Motté résigna la cure de Marolles à Vincent Bardou, prêtre oratorien, un parent de Michel Bardou, assesseur et ancien échevin de la ville du Mans, et le résignataire, admis en cour de Rome, vint requérir le visa de l'Ordinaire, pour entrer en possession de la cure. L'évêque lui opposa un refus formel. Bardou, qui se qualifiait d'oratorien, ne représentait pas de certificat de bonnes vies et mœurs délivré par le supérieur de l'Oratoire. Le métropolitain fut moins exigeant et octroya à Bardou les provisions qu'il sollicitait pour la cure de Marolles et celui-ci s'en mit en possession. Des échecs comme ceux-là de la part de l'évêque du Mans lui faisaient grand honneur, mais ne laissaient guère de doute sur les motifs trop personnels qui dictaient les décisions de l'archevêque de Tours.

René-Charles de Montreuil présenta pour chapelain François Boissière, prêtre habitué à Neuilly-le-Vendin, le 11 octobre 1729, par acte devant Jean-Baptiste Noire, notaire royal à Domfront, délégué de Marin-Jacques Triquet, avocat en parlement, notaire royal et apostolique du diocèse du Mans, greffier de l'officialité du Mans, au siége de Domfront.

La présentation du chapelain avait été faite par Pouyvet, sieur de Montreuil, comme propriétaire de la métairie de la Chevardière située paroisse d'Aron. En 1713, Jacques Pouyvet de la Blinière, avocat en parlement, payeur des rentes de l'Hôtel de Ville de Paris, vendit l'Echevardière, à René Richard, marchand boulanger à Mayenne; néanmoins, comme on vient de voir, René-Charles de Montreuil était resté présentateur de la chapellenie [1].

François Boissière devint curé de Chevaigné.

Louis Leray, prêtre, vicaire à Martigné, fut le dernier chapelain de la Chevardière. Alors qu'il n'était que clerc tonsuré, acolyte, il avait été pourvu d'une autre chapelle, dite de Saint-Roch de l'Angellerie, desservie dans la chapelle du château du Bailleul, en Hercé. Lors de sa prise de possession de ce bénéfice devant Jean-Baptiste-Charles Josset, notaire royal et apostolique à Laval, le 8 octobre 1781, il était assisté de François-René Duvivier, négociant à Mayenne ; Julien Garnier, lieutenant de cavalerie, demeurant à Broglie en Normandie ; Jean-Ambroise Péan, procureur fiscal à Gorron ; Mathurin de Lahaye, demeurant au château du Bailleul.

Le revenu de la chapellenie de la Chevardière consistait en :

1º 64 boisseaux d'avoine, mesurés comble, 9 boisseaux de seigle, mesure de Mayenne, et la neuvième airée de paille de seigle et avoine, à prendre sur la dîme de la paroisse d'Aron.

2º 6ₗ 11 sous et deux chapons, de rente seigneuriale, dûs par les propriétaires des bois de la Rogerie, de la Tesserie, du Mesnil-Chevalier et des champs des Ayars,

---

(1) (Contrat de vente devant Mesnage, notaire royal à Mayenne, du 29 décembre 1713).

le tout situé en la paroisse de la Bazoge-Montpinçon et dépendant de la seigneurie de la Chabossais.

Louis Leray, affermait ce temporel à Charles-Bonaventure Barbotte, curé d'Aron, moyennant 260[tt] par an, au terme d'un bail du 6 août 1787. Par contre lettre, le curé était tenu de payer en sus une somme de 10[tt].

SAINTE-MARIE-DU-BOIS

La chapelle dite de Sainte-Marie-du-Bois ou du Bois Sainte-Marie, fondée au commencement du XVe siècle par Gervais de Cotteblanche, bourgeois de Mayenne, « burgensis de Meduanà-la-Juhel », fut à la requête de Jean de Cotteblanche, son fils et son héritier, décrétée le 6 novembre 1444, par Jean d'Hierray, évêque du Mans. Gervais de Cotteblanche, fils cadet de Michel de Cotteblanche et de Guillemette de la Croix avait eu Jean de Cotteblanche de son mariage avec Jeanne André. Ce dernier épousa en premières noces Agnès Michelet et en deuxième union Marie Bradelle, veuve de Robert Bachelot. L'aîné des enfants du premier mariage, Pierre de Cotteblanche, devint châtelain et receveur de Mayenne et prit pour femme Guillemette Le Gravelaye. Aussi, va-t-on voir figurer un Le Gravelaye parmi les titulaires de la chapellenie.

La fondation était de deux messes par semaine, et le chapelain devait les célébrer en l'église de Notre-Dame de Mayenne, à la chapelle de Toussaint, qui fut plus tard dédiée à Saint-Antoine de Padoue. A raison de ce dernier vocable, on a quelquefois appelé la chapelle Sainte-Marie-du-Bois du nom de chapelle Saint-Antoine.

Le décret épiscopal avait été rendu en présence des chanoines du Mans, Jean Quentin, docteur ès-lois, J. Braindelle, maître en décret, Guillaume de Lorière, licencié ès-lois, J. Brisard et Juhel Chaignon.

Cette fondation, dotée de la métairie du Bois, située paroisse de Contest, qui prit le nom de métairie de Sainte-Marie-du-Bois ou du Bois-Sainte-Marie lorsqu'une chapelle dédiée à la Vierge y eut été construite, ce qui ne tarda, car il est question de ce petit sanctuaire dans deux déclarations censives de la fin du xv siècle, faites à la seigneurie du Plessis par le chapelain Jacques Le Gravelaye. On lit dans la première, du 29 décembre 1478 : « S'ensuit la déclaration des chouses héritaux « que je, Jacques Legravelaye, presbtre chappelain de la « chappelle vulgalement appelée la chappelle Sainte- « Marie-du-Boys, déservye en l'église Nostre-Dame de « Maienne, à l'austel de la chappelle de Toussains, tiens « et advoue à tenir de vous, Monseigneur messire, Pierre « de Saint-Aignen, chevalier, seigneur du Boulay ; et, « *premièrement* le lieu et appartenances du Boys, situé « et assis en la paroisse de Contest avec estraiges, ver- « gers, jardins à porée dudit lieu ; auquel estraige à une « maison à demeurer... *Item*, tout le tailleys du dict lieu « ouquel est située et assise la chappelle appelée Sainte- « Marie-du-Boys; ainsi qu'il se poursuit, contenant neuf « journaux de terre ou environ... Je confesse devoir « par chascuns ans à la recepte du lieu du Boulay, la « somme de soixante soulz tournoys, au jour et feste de « l'Angevinne... Et oultre les devoirs dessusd. je doy « à Monseigneur le baron de Maienne six boessaux « d'avaine, d'avenaige, au jour de l'Angevinne à vostre « décharge. » La seconde, datée du 26 janvier 1481, ren- due « à noble homme Guyon de Brée, escuier, seigneur du Plessys en Contest » renferme la même désignation et les mêmes devoirs.

La dernière déclaration fut faite en 1782, à René-Geor- ges-Marie de Montécler, « mestre de camp du régiment des grenadiers royaux de Touraine, seigneur de la Ron- gère, de Chéronné, de Contest, du Plessis, des Loges, de Poillé, des Barres, du Fay, marquis de Montécler », par François-Jean Billard, titulaire de la chapelle, et ne mentionne plus qu'un taillis d'une superficie d'un journal, au milieu duquel se trouve le sanctuaire. Depuis ce temps la situation n'a pas changé et le petit bois qui entoure cet oratoire est toujours abrité du vent par la ceinture verte d'un taillis.

La métairie du Bois-Sainte-Marie contenait environ soixante journaux de terres labourables et « huit journées de faucheurs en prés ». Son revenu annuel était, lors de la fondation, estimé à 10^{lt} par an.

Parmi les obligations du fermier de la métairie, on voit celle « d'aller tourner, moudre ses grains croissants « et reposants sur icelle au moulin de la seigneurie du « Plessis, ou à autre appartenant à cette seigneurie, en « payant le droit de moulin ».

Une grande partie des chapelains sont connus :

1444. — Jean Papouin, prêtre.

1478-1481. — Jacques Legravelaye, prêtre.

1556. — Bernard de Cotteblanche, écuyer, sieur de la Croix, demeurant à Paris. Il avait pour desservir la chapellenie un prêtre du nom de Claude Desloges qui habita le Bois-Sainte-Marie.

1559. — René Coislin.

1569. — René Lestoré.

1569. — Marin Nézan, vicaire de Notre-Dame de Mayenne, qui prit possession le 11 octobre 1569, en présence d'Ambroise Lefèvre, notaire royal.

1582. — Jacques des Aulnoys, clerc, étudiant au séminaire du Mans. Sa prise de possession eut lieu devant Adrien Pennard, notaire royal à Mayenne, le 20 mars 1582.

1612. — Jean Cazet, prêtre.

1664. — Blaise Tixier. Il abandonna ce bénéfice en 1664 et entra au monastère des Feuillants, à Paris, rue Saint-Honoré.

1665. — André Hameau, bachelier en théologie, curé de Saint-Paul, à Paris, conseiller au parlement, qui descendait de la famille Cotteblanche. Il était originaire du diocèse du Mans et fut pourvu sur la présentation de Bernard de Cotteblanche, sieur de la Croix, qui était l'aîné de la famille de Cotteblanche. Le titulaire prit possession le 10 janvier 1665 devant Jean Launay, notaire royal à Mayenne, en présence de Marin Liger, concierge des prisons de Mayenne, François Fourmy, avocat, et Barthélemy Griffaton, docteur en médecine à Mayenne.

1696. — Joseph Lebrun, prêtre habitué à Contest, qui obtint des provisions en cour de Rome, le 11 des calendes de mai 1696.

1706. — François Deschamps, prêtre, chanoine de la collégiale de Bonconfort de Carrouges, diocèse de Tours, demeurant à Carrouges. Lebrun avait résigné le bénéfice en sa faveur.

Deschamps devint aussi chapelain de Saint-Laurent de Longavette, au Ribay.

1719. — Charles Duclos, chanoine prébendé de l'église cathédrale du Mans, curé de Saint-Loup-du-Gast, chapelain de la chapelle Saint-Yves et Saint-Julien du Mans et de celle de Sainte-Catherine, à Sillé-le-Guillaume, demeurant au Mans. Il y avait eu permutation convenue entre Duclos et François Deschamps devant François Guéné, notaire royal et apostolique au Mans, le 22 avril 1719. Des lettres de provision furent obtenues du pape par Duclos le 16 des calendes de juin 1719 et l'évêque du Mans les visa le 5 juillet suivant. Le 12 du même mois de juillet, il y eut prise de possession de la part de Duclos devant René Davoynes, notaire royal et apostolique.

Charles Duclos résigna la chapellenie de Sainte-Marie-du-Bois, en septembre 1735.

1735. — René-Pierre Deschamps, sous-diacre du diocèse du Mans, demeurant à Mayenne, prit possession le

DEVANT DE L'AUTEL DE LA CHAPELLE DE SAINTE-MARIE-DU-BOIS, PAROISSE DE CONTEST

1er octobre 1735, devant Gourdier, notaire apostolique. Il fut vicaire de Notre-Dame, devint curé de Contest et encore titulaire de la chapelle de la Guiherie.

1779. — François-Jean Billard, clerc tonsuré du diocèse du Mans, au séminaire de Domfront, né à Ambrières le 18 novembre 1766. Il était de la famille du fondateur et fut présenté à l'évêque du Mans le 1er octobre 1779, par Daniel-David-Jacques Lemaire, écuyer, sieur de Bois-Guérin, demeurant à Beauvain, près de la Ferté-Macé, qui représentait Adam Deschamps, un des descendants de Cotteblanche [1]. Billard prit possession le 14 décembre 1779 [2], en présence de Julien-François Daguier, étudiant en droit, demeurant à Contest, et de Philippe-Joseph Pannard, praticien, demeurant à Mayenne.

Daniel-David-Jacques Lemaire de Bois-Guérin était né du mariage de Jacques Lemaire et de Renée-Marguerite Deschamps [3].

[1] Acte devant Pierre Leray, notaire royal et apostolique à Mayenne, du 1er octobre 1779.

[2] Acte devant Pierre Leray.

[3] Jeanne de Cotteblanche, dame de la Guihérie, plus connue sous le nom de « la dame d'Argencé », fille de noble homme Hélye de Cotteblanche, seigneur de la Guitterie et de Jeanne Courtin ; petite-fille de Michel de Cotteblanche et de Jeanne Guittier de la Guitterie ; sœur de Guy de Cotteblanche, sieur de la Guitterie, de la Trotterie, de Valmesnil et de Montchien, avocat en parlement, et de Marguerite de Cotteblanche, épouse d'Ambroise Baglion de la Dufferie, consacra vers 1534 à la fondation d'une chapellenie, desservie à l'autel de Notre-Dame de Pitié et de Saint-Jean en l'église de Placé, et qui porta le nom de « la Guihérie », divers biens situés paroisses de Contest, de Saint-Georges-Buttavent, de Placé. Une partie de ses immeubles à la Mégrière, en Contest, à la Poterie et à la Dalinière, en Saint-Georges, ainsi qu'au bourg de Placé étaient de la seigneurie des Barres qui appartenait alors à noble homme Macé de Houssemaigne, seigneur de Fresnay, en Saint-Mars-sur-Colmont, et des Barres, en Oisseau. Celui-ci fut surpris par la mort avant d'avoir consenti à l'amortissement sollicité par Jeanne de Cotteblanche, mais les représentants des enfants mineurs, nés de son mariage avec Geneviève Madré, donnèrent leur agrément à l'érection de ces biens en bénéfice, sous réserve seulement de 10 sols de devoir annuel, de l'hommage simple à chaque changement soit de chapelain, soit de seigneur de fief. Un contrat authentique arrêta ces conventions

En 1790 on retrouve Billard, vicaire à Champéon. Enfermé aux Cordeliers, à Laval, son frère, Robert Billard de Vaux, dit Alexandre, l'un des chefs de la chouannerie dans notre pays, l'en délivra et l'emmena en Normandie [1].

La métairie du Bois-Sainte-Marie fut vendue par la Nation le 6 juin 1791, pour 15.400#. Elle avait louée par bail devant Jarry, notaire à Ambrières, du 26 septembre 1787, moyennant un fermage de 450#, la dîme au huitième, plus les impôts. Lors de la fondation de la chapellenie le revenu de cette métairie était de 10#.

Le petit sanctuaire de Sainte-Marie-du-Bois a été protégé par le temps. On y va prier pour être guéri de la

que signèrent, pour les mineurs en 1536, Guillaume de Houssemaigne, prêtre, doyen de Passais, leur curateur, et Ysabeau Dupin, leur aïeule maternelle, veuve de Macé Madré. Le frère de la fondatrice, Guy de Cotteblanche ratifia cette fondation. (Voir *Etude historique sur l'abbaye de Fontaine-Daniel,* page 186).

La chapellenie était dite aussi de la Guitterie, parce qu'elle était desservie dans la chapelle du château de la Guitterie, de l'église de Placé.

Le 9 mai 1784, Pierre-René Mautaint, licencié ès-lois, prêtre habitué de Notre-Dame de Mayenne, prit devant Pierre Leray, notaire royal apostolique à Mayenne, possession de la chapelle de la Guihérie dont il avait été pourvu sur la présentation de Jacques Bertrand de Baglion de la Dufferie, chevalier, seigneur de Martigné, ancien capitaine de cavalerie au régiment Royal-Pologne.

Il ne faut pas confondre cette chapellenie de la Guihérie ou de la Guitterie avec une autre chapellenie de la Guitterie, desservie à l'autel Notre-Dame de l'église de Saint-Maurice, à Angers, qui était aussi en dernier lieu à la présentation de Jacques Bertrand de Baglion, comme héritier de Bertrand de Baglion de la Dufferie et de Marie-Rose Deschamps. La Guitterie d'Angers avait, à cette époque, pour chapelain François Coupé, prêtre, successeur de Louis-Joseph des Scépeaux, clerc tonsuré du diocèse d'Angers.

(2) Robert Billard de Vaux dit Alexandre, qui a laissé des mémoires intéressants mais passionnés sur la chouannerie, raconte (tome II, page 271) qu'en se cachant chez Lemaire de Bois-Guérin près de la Ferté-Macé, accompagné de François-Jérémie Fortin dit Dubois, de l'Englescherie, en Saint-Loup-du-Gast, ce dernier y fit connaissance de la fille de leur hôte, Pélagie Lemaire de Bois-Guérin, qu'il épousa en 1796. Son union devait être de courte durée. L'année suivante, le jeune chouan était guillotiné à Alençon.

lièvre. Autrefois quelques pèlerins s'imposaient le soin
de balayer la chapelle et désiraient se rendre ainsi la
Vierge favorable en nettoyant le lieu où elle était hono-
rée. On y remarque un autel de bois qui porte la date de
1626 et dont le devant représente la résurrection de
Lazare.

LA GOUPILLÈRE

—

Par leur testament du 21 Octobre 1493, passé en la Cour de Mayenne-la-Juhée, « honorable homme et sage, Robert Laleton », sénéchal de Mayenne et Sainte Surgan, son épouse, fondèrent la chapellenie de Sainte-Croix de la Goupillère, desservie en l'église de Notre-Dame de Mayenne. Cette chapellenie semble avoir porté les titres de Sainte-Croix, de Saint-Jean-Baptiste et de Saint-Michel. Elle était chargée primitivement de deux messes par semaine; l'une d'elles fut supprimée en 1727. Les droits de patronage avaient été réservés à Jean Laleton, fils du fondateur et à ses descendants.

Les testateurs dotèrent leur chapelle : 1º de la métairie de la Goupillère située paroisses d'Aron et de Marcillé-la-Ville ; 2º de ce qu'ils avaient au fief de Boyère, en Saint-Martin de Mayenne ; 3º et de tout ce qu'ils pourraient acquérir dans les paroisses de Marcillé et d'Aron. Pierre des Arglantiers, alors seigneur d'Aron, dans le fief duquel se trouvait la Goupillère, donna son agrément aux dispositions pieuses des fondateurs.

L'évêque du Mans décréta cette chapellenie le 30 mai 1497.

A l'époque de la fondation les biens donnés pouvaient valoir 25^{tt} tournois de rente d'après l'estimation de Jean Lefebvre, prêtre, curé de Saint-Martin de Mayenne, et de Guillaume Laumondays, prêtre, notaire en cour d'Eglise.

Quelques-uns des titulaires de la chapellenie peuvent être cités :

Guillaume Laleton, qui meurt en 1559.

Robert de Perroux, prêtre, prieur des Salles, convoite la succession de Laleton et est présenté le 1er Juin 1559 [1], à l'évêque du Mans par : 1° Jean Laleton, l'aîné de la famille; 2° Jean Martot, marchand, et Gervais Martot, maris de Olive et de Anne Laleton. Le fondateur était le bisaïeul de Jean, d'Olive et d'Anne Laleton. La prise de possession de Robert de Perroux fut faite par son mandataire François Le Faulcheux, curé de Melleray, devant François Pays, notaire juré aux contrats royaux du Mans et du Bourgnouvel, le 9 du même mois de juin, avec l'assistance de René et Pierre Carré, prêtres. La publication de cette prise de possession eut lieu à la grand'messe de Notre-Dame de Mayenne le 20 dudit mois. Jollys, prêtre, vicaire de la paroisse, doyen de Mayenne, la fit en présence de Louis Pitard, sieur de la Grange, de Pierre Labitte, docteur en médecine, de Michel Bordeau et Pierre Séneschal, procureurs de fabrique, de René Gastin, sieur des Provostières et autres.

Mais un compétiteur du nouveau chapelain, Mathieu Laleton, fils de Mathieu Laleton, docteur en médecine, et d'Ambroise Séneschal, s'empressa de se faire donner la tonsure le 30 Juin 1559 et sollicita sa nomination comme chapelain de la Goupillère. Il l'obtient et entre en possession devant François Payen, notaire royal à Mayenne, le 23 septembre suivant, en présence de Richard Jollys, François Lefaulcheux, Jacques Menard et René Carré, prêtres, et de Louis Pitard.

En 1625, Jacques Madré, prêtre, demeurant à Mayenne, est pourvu du bénéfice par René des Chapelles, grand vicaire de Charles de Beaumanoir, évêque du Mans, et s'en met en possession le 28 Mars 1625. Un acte de Julien Aubert, licencié ès-droits, curé de Notre-Dame de Mayenne, et notaire apostolique, le constate et a pour

____

[1] Acte devant Doysseau, notaire royal.

témoins Jean Tronchay, prêtre notaire apostolique, Mathurin Rouzière, prêtre, René Viel, sieur de la Mazure, Jean Jendry, sieur de la Touche, maître apothicaire, demeurant tous à Mayenne.

Le titulaire, Jacques Madré, était fils de Jacques Madré et de Perrine N..., paroissiens de Notre-Dame de Mayenne. Il avait reçu la tonsure au Mans, le 8 juin 1610.

Son successeur, Jean Gastin, est un clerc tonsuré, rhétoricien au collége de la Flèche, qui se met en possession le 31 mai 1682, devant Michel Davoynes, notaire royal à Mayenne, en présence de Jean Cousin, sieur de la Rainière, marchand, Pierre Lenfant, mégissier, René Frangeul et Guy Thierry, archers de ville à Mayenne. Jean Gastin devint, le 19 Janvier 1720, curé du Ribay, comme résignataire de Pierre Gastin qui possédait la chapellenie du Pommier.

Claude Barbeu, clerc tonsuré, maître ès-arts, étudiant de Sorbonne, fils de Claude Barbeu du Bourg, marchand, bourgeois, demeurant au faubourg Saint-Martin de Mayenne, succéda à Gastin, sur la présentation qui fut faite de sa personne à l'évêque du Mans, le 11 février 1721, par : 1° Claude Barbeu du Bourg, son père, dont on vient de parler et François Barbeu, sieur du Bourg, son oncle, juge civil et criminel de Fontaine-Daniel, seuls héritiers mâles, descendant en ligne directe de Martin Triguel, sieur de Boisgast, avocat, et de Jacquine de Pinard, leurs aïeux ; 2° et Simon Gasté, sieur de la Marchandière, seigneur de la Cour de Commer, de la Chabossais et de Baudais, commissaires aux revues et logements des gens de guerre, père de Simon-René de Gasté. La femme du sieur de la Marchandière, Madeleine du Chesnay, descendait aussi de Triguel de Boisgast et de Jacquine de Pinard. Le mandataire de Claude Barbeau, Jean Guyard, l'historien des seigneurs de Mayenne, prit pour lui possession devant René Davoynes notaire royal et apostolique à Mayenne, le 21 mars 1721, assisté de René Séneschal, potier d'étain ; Guillaume Alix, maître apothicaire, et François Beucher clerc tonsuré, demeurant tous à Mayenne. Claude Barbeu avait un frère nommé François qui entra aussi dans les ordres. Son père lui donna pour son titre sacerdotal 50[#] de rente viagère sur la métairie de la Cheminée, en Champéon.

A Claude Barbeu succède Mathurin Lair de la Motte, prêtre, curé de Jublains, présenté par Simon-René de Gasté, sieur de la Cour de Commer. Il était licencié en théologie de la faculté de Paris, maître ès-arts, gradué en l'université de Paris, et vivait comme prêtre habitué à Saint-Martin de Mayenne, lorsqu'il avait été appelé le 8 juillet 1748 à remplacer Pierre Letessier, curé de Jublains. Son père, Michel Lair, marchand cirier à Mayenne, avait été marié deux fois : en premières noces avec Marie Foulard dont il eut deux enfants et en deuxième mariage avec Renée Barbeu qui lui donna six enfants : Mathurin dont nous nous occupons ; Renée, décédée en 1782 ; Jean Lair de la Motte, époux de Jeanne-Renée Morice de la Rue ; Claude-Louis, avocat, mari de Marie-Louise Foureau et François-Augustin Lair qui devint curé de Saint-Martin de Mayenne.

Mathurin Lair mourut en octobre 1786.

Un autre Lair de la Motte prénommé Jean-Michel, né le 20 décembre 1765, du mariage Lair-Fourreau et neveu du curé de Jublains, est désigné à l'agrément de l'évêque le 2 janvier 1787 [1], par de nombreux présentateurs, tous descendant des fondateurs Robert Laleton et Sainte Surgan :

Anne de la Rye, veuve de Simon-René de Gasté, agissant au nom de Joseph-René de Gasté, son fils aîné.

---

(1) Acte devant Pierre Leray, notaire royal et apostolique à Mayenne.

Maurice-Simon de Gasté, seigneur de la Pallu.

Françoise-Jacquine Tréton de Vaugeois, veuve de Jacques-François Le Frère de Maisons, écuyer, agissant pour Jacques-François-Charles Le Frère de Maisons, son fils, chevalier, seigneur de Brécé, Favière, Le Parc d'Avaugour, officier au régiment de Conti-dragons ;

Marguerite-Elisabeth Le Frère de Maisons, veuve de François Tréton, chevalier, seigneur de Vaugeois.

Claude-Louis Lair de la Motte, avocat susnommé, agissant tant en son nom que comme mandataire de René Le Frère de Maisons, chevalier, seigneur de la Rouveraie, et encore d'Antoine-Vincent Barbeu du Bourg et de Pierre-Michel Barbeu du Rocher, négociant à Mayenne.

Michel-Thomas Lair de la Motte, marchand cirier.

Françõis-René Charbonnel, notaire royal à Mayenne.

Toutes ces personnes demeuraient sur les paroisses de Notre-Dame et de Saint-Martin de Mayenne.

Jean-Michel Lair de la Motte, que sa famille choisissait pour posséder le bénéfice de la Goupillère, était alors clerc tonsuré, maître ès-arts de l'Université de Paris et étudiant au collège de Louis-le-Grand. Sa prise de possession fut faite par son mandataire, Michel-Toussaint Lair de la Motte, prêtre, vicaire de Saint-Martin de Mayenne, le 17 janvier 1787. Pierre Leray, notaire royal et apostolique à Mayenne en dressa procès-verbal [1].

Le temporel de la chapellenie comprenait la terre de la Goupillère, qui comme on l'a vu était située paroisses d'Aron et de Marcillé. Lair l'affermait moyennant 210# en argent, 100 fagots rendus à Mayenne, 20 livres

---

[1] Voir notes sur Jean-Michel Lair de la Motte dans les « *Documents pour servir à l'histoire de la Constitution civile du clergé de la Mayenne* », par Frédéric Le Coq, District de Mayenne, pages 78 et s. et 131.

de beurre net en coin du poids de 18 onces, la dîme et l'impôt.

Le propriétaire de la Goupillère devait à la seigneurie d'Aron 27 sous à l'Angevinne, vingt-deux poulets à la Pentecôte.

La nation vendit cette propriété le 17 avril 1792, pour 6.885 #.

LA MESNARDIÈRE

—

Macé Daugeard, curé, doyen rural de Mayenne, fonda la chapelle Saint-Blaise, desservie en l'église de Notre-Dame de Mayenne, par son testament du 4 novembre 1494, et voulut que « ses parents, successeurs portant « son nom, en fussent les patrons et présentateurs, réser-« vant néanmoins le droit de ce faire au plus aîné et aux « descendus de lui, puis, cessant le nom des aînés, à « ceux descendus des puinés qui porteraient ledit nom de « Daugeard, et encore que la présentation ne fut faite « à un prêtre âgé de quarante ans ou plus, natif du « doyenné de Mayenne ou d'Evron ».

La chapellenie devait, d'après les intentions primiti-ves du testateur avoir deux titulaires, mais le cardinal Philippe de Luxembourg, évêque du Mans, régla qu'elle serait possédée par un seul.

Les messes étaient célébrées, en dernier lieu, à l'autel de la « Vierge de Pitié » en l'église de Notre-Dame.

Il dépendait de ce bénéfice la métairie de la Mesnar-dière, située paroisse de Saint-Baudelle, et c'est delà que lui venait le titre de chapelle de la Mesnardière sous laquelle on la désignait habituellement.

On connait un assez grand nombre des chapelains :

1515. — Etienne Cheleu, prêtre. Il avait été présenté par le fondateur.

1549. — Guillaume Bignon, prêtre, décédé en 1551.

1557. — Guillaume Laleton, prêtre, décédé en 1559.

1559. — François Le Faulcheux, curé de Melleray, pré-senté devant Jean Le Doyen et Jean Guyard, notaires royaux à Laval, le 31 Mai 1559, par : 1° Michelle Dau-

geard, épouse de Guillaume Pichon, demeurant ville de
Montsûrs ; 2° Pierre et Jeanne Daugeard demeurant
l'un et l'autre à Laval. Lefaulcheux prit possession
devant Julien Belot, notaire royal, le lundi 5 juin 1559,
en présence de François Lefaulcheux et de Jean
Gouault « prêtres sacristains en l'Eglise de Notre-
Dame de Mayenne », et cet acte fut publié le même jour,
5 juin 1559, au marché de Mayenne, par Jean Rommaigné, sergent général ordinaire et notaire au marquisat
de Mayenne, en présence d' « honnêtes hommes Françoys Perrier, Nicolas Guilleyn, Pierre Chesnay, Robert
Perrier, André Perronet, Julian Bignon, Jehan Piette,
Françoys Grouard, prêtre, Pierre Gandon, Mathurin
Martin, Macé Le Pelletier, Jehan Haireau, Françoys
Le Valloys, et autres. »

Le chapelain François Le Faulcheux devint curé de
Saint-Martin de Mayenne et garda en même temps la
cure de Melleray. Il était fils de Jean Le Faulcheux et de
Jeanne Le Gravelais, frère de : 1° Renée Le Faulcheux
épouse de Laurent Sellier, sieur de Beauvais ; 2° Jean
Le Faulcheux, mari de Guyonne Fardeau ; 3° Macée Le-
Faulcheux épouse en premier mariage de Charles de la
Frette, en deuxième union d'Adrien Cazet, sieur du
Bourg de Vautorte, et en troisième mariage de Jean Che-
vallier.

Un prêtre nommé François Duchemin, demeurant au
Crouilleau, paroisse d'Oisseau, contesta à Le Faulcheux
ses droits à la chapelle Saint-Blaise, prit lui-même possession devant André Perronnet, notaire royal, le 5 Juin
1559, en présence de Jean Galesne, prêtre, demeurant à
Saint-Georges-Buttavent, et fit publier son acte de possession, le même jour, « au Grand-Carrefour de la Ville
de Mayenne », par Thomas Laumosnier, sergent au
marquisat, mais ses efforts furent vains. Il ne réussit pas
à se saisir effectivement du bénéfice.

1567.— Emery Venard, prêtre, en faveur de qui François Lefaucheux résigna la chapellenie de Saint-Blaise et la cure de Saint-Aubin de Melleray prit possession de devant Simon Lambert, notaire royal à Vitré-en-Champagne, le 28 mai 1567, en présence de Lancelot de Mondot, paroissien de Melleray.

1606. — Jacques Pillier ou Pilleu, prêtre, prend possession devant Robert Guichart, sergent royal, le 8 novembre 1606, en présence de Jean d'Anthenaise, écuyer, sieur de la Vigne, Pierre de la Corbière, écuyer, sieur du Moulin-Neuf et François de Fournier, licencié ès-droits, avocat à Mayenne.

1607. — François Yvard, prêtre curé de Saint-Cyr, pourvu par lettres apostoliques, revêtues du visa du vicaire général du Mans, le 22 Juin 1607, prit possession devant Gervais Roulas, notaire à Mayenne, le 17 Mars 1608.

1618. — Jean Tripier, prêtre, prend possession de la chapelle le 3 Décembre 1618, devant Jean Letourneux, prêtre, notaire apostolique demeurant à Saint-Martin de Mayenne.

1628. — Robert Hervé, prêtre, administrateur de la confrérie du Saint-Sacrement de la paroisse de Notre-Dame de Mayenne.

1645. — Guillaume Pottier, curé de Brécé, sa prise de possession eut lieu suivant procès-verbal de François Pilleu, notaire royal à Bais, le 9 Décembre 1645, en présence d'Etienne Louveau, prêtre, curé de Mayenne ; Jacques Madré, prêtre habitué ; René Bouju, marchand-droguiste et Julien Gougeon, clerc, demeurant à Mayenne.

1696. — Jacques Fossé, prêtre, vicaire à Izé, décédé en 1697.

1697. — Joachim Bellanger, prêtre, chanoine de Notre-Dame, à Sillé-le-Guillaume, il fut présenté aux

termes d'un acte de Guillaume Guyon, notaire royal à
Saint-Thomas-de-Courcsriers, du 30 juillet 1697, par
un arrière-neveu du fondateur, Jacques Daugeard, sieur
de la Chevalerie, demeurant à Saint-Thomas, fils aîné
de Julien Daugeard de Jeanne Lesourd.

1724. — Pierre Courte, prêtre, curé de Châtres, décédé
en 1725.

1725. — Michel Davoynes, prêtre, âgé de soixante-
trois ans, ancien principal du collége de Mayenne, habitué de l'église de Notre-Dame de cette ville, sa présentation fut faite devant René Serclot, licencié ès-droits,
notaire et tabellion royal à Evron en juillet 1725, par
Jacques Daugeard, sieur de la Chevalerie, dont il a été
déjà parlé, qui était allé demeurer à Evron. La prise
de possession eut.lieu le même mois devant Jean Lecottier, notaire royal à Mayenne, « commis à cette fin par
« René Davoynes, notaire royal et apostolique » à la
même résidence, en présence de François Guyault, prêtre ; François Gasté, sieur de la Blottière, avocat au
parlement; René Oger, sieur de Lablé, échevin de l'hôtel de ville de Mayenne, demeurant à Mayenne.

1736. — Christophe Edon, prêtre du diocèse du Mans,
« chapelain de l'église d'Angers », demeurant à Angers,
paroisse Saint-Maurice : présentation par Julien Daugeard, prêtre, curé de Châtres, parent du fondateur;
provision de l'évêque du Mans du 10 février 1736 ; prise
de possession du 7 mars de la même année devant
Joseph Gourdier, notaire apostolique à Mayenne, par
Edon qui avait choisi pour le remplacer un procureur
spécial Vincent Boré, curé d'Assé-le-Riboul.

1739. — Ambroise de la Matraye, prêtre, curé de Vaiges : présentation par le même Julien Daugeard, du 12
décembre 1738 ; prise de possession devant Joseph Gourdier, notaire apostolique, du 16 janvier 1739.

Cet Ambroise de la Matraye était fils de René de la

Matraye, chevalier, seigneur de Poillé, et de Marie-Thé-
rèse Gaudin, de la paroisse de Neau. Il avait reçu la
tonsure au Mans, le 24 octobre 1708.

1756. — François Cosnard, prêtre, vicaire à Evron.

1757. — Julien Daugeard, curé de Châtres, que nous
avons vu comme présentateur d'Edon et de la Matraye.
Il fut lui-même présenté par Françoise Daugeard,
épouse de Charles Leclerc, notaire et greffier de la baronnie d'Evron, qui était fille de Jacques Daugeard de la
Chevallerie. Ce dernier avait pour père Michel Daugeard.

1782. — Joseph-Charles Trouillard, né à Saint-Chris-
tophe-du-Luat, prêtre du diocèse du Mans, vicaire de la
paroisse de Montoire, qui devint curé de Notre-Dame de
Sillé-le-Guillaume : présentation par Louis-François
Daugeard, en qualité d'aîné de famille ; prise de possession devant Pierre Leray, notaire royal apostolique à
Mayenne, du 31 août 1782.

Trouillard eut deux compétiteurs :

Jean-Marin Thuillier, prêtre du diocèse du Mans,
curé de la paroisse de Saint-Pierre-des-Bois, avait été
présenté, dès le 2 avril 1782, par d'autres membres de la
famille du fondateur : Anne Daugeard, Pierre et Gervais
Leclerc, Anne Julienne et Louis Leclerc. L'évêque du
Mans lui ayant accordé des provisions le 4 du même
mois, il s'était mis en possession le 12 par acte devant
Pierre Leray.

Le curé de Châtres, Julien Nerbrun, né à Evron, avait
obtenu, de son côté, le 20 juillet de la même année, de
Julien-François-Pierre Leclerc, marchand, demeurant
à Saint-Martin d'Evron, lequel agissait tant en son nom
personnel qu'au nom et comme chargé des pouvoirs
d'Anne Daugeard, sa tante, d'Anne, Louise et Gervais
Leclerc ses frères et sœurs, nés comme lui du mariage
de Gervais Leclerc, notaire, et de Françoise-Julienne
Daugeard et encore de Françoise-Julienne Daugeard,
fille de Jacques Daugeard et de Françoise Bernier, re-

présentant ensemble la branche aînée des héritiers des fondateurs.

Trouillard resta maitre de la chapellenie et en était titulaire en 1789. A cette époque, il occupait la cure de Sillé-le-Guillaume.

La métairie de la Mesnardière, qui appartenait à la chapellenie, contenait cinquante journaux de terre labourable et deux prés rapportant douze charretées de foin.

La nation vendit la Mesnardière à Marie Dubois, de Mayenne, le 31 janvier 1791, moyennant 27.200^{tt}. Cette propriété avait été louée par bail devant de la Bécannière, notaire royal à Mayenne du 22 octobre 1787 à Jacques Paumard, fermier de Berne, pour 700^{tt}, par an, plus diverses charges, notamment celle « de faire célé- « brer chaque semaine trois ordinaires de messes à basse « voix, à l'autel Saint-Blaise de l'église Notre-Dame de « Mayenne ».

Dépendait aussi de la Mesnardière un champ dit des Capucins, situé près le couvent des Capucins [1] (actuellement la Visitation), paroisse de Notre-Dame de Mayenne, « cotoyant d'un côté le chemin rendant du « Gastoir aux Capucins, d'autre côté et d'un bout une « pièce de terre de la ferme de la Grange, appartenant à « Mme Tanquerel et une autre pièce appartenant à M. des « Provostières ». Ce champ des Capucins nommé aussi champ Maréchal, contenait deux journaux, était loué à Marteau 36^{tt}, en 1790, et fut vendu par la nation le 20 avril 1791, pour 2.400^{tt}.

Il existait autrefois une autre chapelle, dite de la Mesnardière, qui ne doit pas être confondue avec celle dont il vient d'être parlé. Cette prestimonie était à la présentation de l'abbé du monastère d'Evron et devait trois messes par semaine à l'autel Saint-Raphaël de l'église de Notre-Dame de Mayenne.

[1] Ce champ figure au cadastre sous le numéro 372 de la section A², pour une contenance de 70 ares 50 centiares.

LES PERROUINS

La chapellenie des Perrouins, dite également de Saint-Antoine et encore de Saint-Antoine des Perrouins, a été fondée vers 1494, et le prêtre auquel elle était accordée devait célébrer deux messes par semaine dans la chapelle Saint-Antoine du cimetière de Notre-Dame de Mayenne.

On ne peut citer que quelques-uns des chapelains et les biens affectés à ce bénéfice.

Guillaume Mesnage, prêtre, en était titulaire en 1581.

Jacques Bouttier, prêtre, demeurant au Mans, rue des Chapelains, le possède au XVII° siècle.

En 1716, Charles-Jacques Thieslin, prêtre du diocèse du Mans, demeurant paroisse de Mauves, diocèse de Séez, en a la jouissance. Il résigne ses fonctions aux mains de « Messire Henry-Emmanuel Le Sirier, chevalier, seigneur de Boisguinant [1] », patron de ce bénéfice.

Gabriel-René des Portes, clerc du diocèse du Mans, est présenté par Le Sirier demeurant au château de Londes ou Landres, paroisse de Mauves, devant Léonard Mallet, prêtre, curé de Saint-Sauveur de Bellesme, doyen rural, notaire apostolique, le 15 mai 1716, et l'évêque du Mans lui donna des lettres de provisions. Sa prise de possession eut lieu devant René Davoynes, notaire à Mayenne, le 8 juin 1716 ; il était représenté par René-Louis de Mondières, curé de Notre-Dame de Mayenne.

Le 17 octobre 1725, des Portes, alors curé de Saint-Jean d'Assé, près Ballon, se démet devant Charles Cureau

---

(1) Boisguinant, paroisse de Lavaré (Sarthe).

notaire royal et apostolique au Mans, de la chapellenie des Perrouins entre les mains des Pierre-René Thieslin, chevalier, seigneur de Lorière, et de Jacques-Charles Thieslin, chevalier, seigneur de la Tousche et du Plessis, mari d'Anne-Renée Thieslin, patrons et présentateurs de la chapelle : Joseph Blanchet, clerc tonsuré de la congrégation de Saint-Lazare obtient la présentation de ces derniers par acte signé au château du Plessis, paroisse de Beaufay, près de Laigle. Son mandataire Pierre Lefaulcheux, prêtre, demeurant à Mayenne, prend pour lui possession par acte devant René Davoynes, notaire à Mayenne, le 13 novembre 1725.

Guillaume Lusson, prêtre, titulaire des Perrouins, n'est connu que par sa démission du mois de novembre 1758.

Anne-Renée Thieslin, alors veuve, présente pour successeur à Lusson un clerc tonsuré du diocèse de Séez, Jean-Jacques Quervaque, professeur au collège de Nemours, diocèse de Sens, Joseph Gourdier, notaire royal et apostolique à Mayenne, dresse acte de sa prise de possession le 2 décembre 1758.

Le dernier titulaire fut un prêtre du nom d'Aunay.

Le temporel de la chapellenie se composait de la closerie des Perrouins, située paroisse de Notre-Dame de Mayenne, affermée 144[tt] par bail du 23 février 1788. La nation vendit cette propriété le 6 avril 1791, pour 6.600[tt].

LES MADRÉS

René Madré, curé de Thubœuf, fonda la chapelle qui portait son nom, par acte du 1er mars 1511. Le droit de présentation appartenait au plus proche parent du fondateur, et le bénéfice était réservé de préférence à un prêtre de la famille.

Il dépendait autrefois du temporel de la chapellenie :

1º Une portion de jardin, située paroisse de Notre-Dame de Mayenne, « aboutant d'un bout à la rivière « de Mayenne et d'autre bout au chemin tendant du bas « de ceste dicte ville pour aller aux Capucins », c'est-à-dire la rue Sainte-Anne.

2º Une maison et ses dépendances, même paroisse, au parvis de l'église de Notre-Dame.

3º Un pré, nommé le pré Parfond, paroisse de Commer.

4º Enfin un pré et une portion du taillis d'Augeard, en Saint-Fraimbault-de-Prières.

L'immeuble de la rue Sainte-Anne fut aliéné, le 6 septembre 1621, pour huit livres tournois de rente annuelle et perpétuelle, par l'un des chapelains, Marin Legras, prêtre, à Jean Rouzière, prêtre, vicaire de Placé[1], qui y fit construire une maison. Celui-ci céda ses droits à James Lemaczon, sieur de la Cadorière, le 22 mai 1624[2], moyennant un prix de 300ᵗᵗ et, en outre, l'acquit de 8ᵗᵗ de rente « audict Marin Legras et à ses successeurs, cha-« pelains de la chapelle des Madrés, au jour de Tous-« sainct. »

(1) Contrat devant Jean Rivière, notaire royal à Mayenne.
(2) Contrat devant Jean Esnault, notaire à Mayenne.

Dans le partage des biens de la succession de René Pitard, sieur de Beauchesne, fondateur du couvent du Calvaire de Mayenne qui fut fait en 1635, on voit figurer au premier lot : « le droit de patronage de la chapelle des Madrés, comme il appartenait au défunt ». Pitard le possédait sans doute du chef de sa mère Marguerite Madré, épouse de René Pitard, sieur de Vaubouard. Toutefois il fut stipulé par prudence entre les co-partageants que le patronage des Madrés n'était pas garanti, et que le propriétaire du premier lot auquel il était attribué s'en défendrait en cas de trouble, à ses risques et fortune [1].

Jean Legras, prêtre, vicaire de Notre-Dame de Mayenne, devenu propriétaire des maison et jardin dont il s'agit, les donna à la fabrique de Notre-Dame à la condition de continuer le service des 8^{tt} de rente aux chapelains des Madrés [2].

Des contestations s'élevèrent entre le titulaire de la chapellenie et les procureurs de la fabrique au commencement du xviiie siècle, et la rente cessa peut-être d'être servie.

Citons parmi les chapelains, après Marin Legras :

Pierre Choquet, prêtre (1660).

Ambroise Legras, prêtre, curé d'Yvré (1687) [3].

Jean Muzanger, prêtre, curé de Beillé (1709), qui plaida, pour la rente de 8^{tt}, avec René Martin, sieur du Hautmont, procureur de la fabrique de l'église de Notre-Dame de Mayenne, et son successeur André Fourmond.

Le dernier chapelain était Urbain-René de Hercé, né à Mayenne, le 6 février 1726, tonsuré au Mans en 1740,

---

(1) Voir *Souvenirs du Vieux Mayenne*, pages 84, 151 et 393.

(2) Acte devant de Gasnes, notaire au duché de Mayenne.

(3) Ambroise Legras louait la maison et le jardin de la rue Sainte-Anne à Jean Jamelin, vicaire à Notre-Dame de Mayenne, moyennant un loyer de 50^{tt} par an, suivant bail reçu par Mesnage, notaire à Mayenne, du 30 septembre 1687.

prieur commendataire du Grez, près Sillé-le-Guillaume, vicaire général de Nantes, en 1754, pourvu de l'évêché de Dol, en 1767, fusillé à Vannes après l'expédition de Quiberon, le 28 juillet 1795. Il était fils de Jean de Hercé et de Françoise Tanquerel, dame du Grand-Coudray, ceux-ci eurent de nombreux enfants ; plusieurs entrèrent dans les ordres ou devinrent religieux :

1º François de Hercé, curé de Martigné, puis vicaire général de Dol, abbé commendataire de l'abbaye royale de Chezal-Benoit, au diocèse de Bourges ;

2' Julien-César de Hercé, vicaire général de Nantes ;

3º Jean-Baptiste de Hercé, docteur en théologie, chanoine et archidiacre, vicaire général du diocèse de Luçon, titulaire du prieuré de Saint-Barthélemy de l'Habit, en Chailland ;

4º Louis-Joachim de Hercé, religieux feuillant, ancien officier de marine ;

5º Marie-Joséphine de Hercé, religieuse hospitalière, à Ernée ;

6º Jeanne-Françoise de Hercé, religieuse de la même maison.

La Nation vendit les biens des Madrés, savoir :

1º La maison du parvis de Notre-Dame, le 29 septembre 1791, pour 2.200 ₶. Elle avait alors pour locataires les sœurs de l'abbé Cruchet, vicaire épiscopal de Villar, évêque constitutionnel de la Mayenne.

2º Le pré de Commer, le 15 février 1791, moyennant 2.425 ₶ ;

3º Le pré et le taillis d'Augeard, de Saint-Fraimbault, le 14 juin 1791, pour 2.550 ₶.

LA MASURE

C'est en mai 1514, que fut fondée la chapelle dite de la Masure par Jean Trottier et Philippe ou Phéline Lemée. Son titulaire devait en l'église de Notre-Dame de Mayenne une messe par semaine. Elle était présentée par le plus proche parent des fondateurs à un prêtre de leur famille, s'il y en avait. Là se bornent les renseignements possédés sur cette fondation, et les chapelains qu'on en connaît ne sont pas nombreux.

Charles Moche, prêtre, de la Bazouge-des-Alleux, posséda le bénéfice en 1657. La présentation fut faite par un sieur de Meules, qui était le plus proche parent du fondateur Jean Trottier. Le côté de la fondatrice avait pour représentants plusieurs personnes, notamment Lebourdais, sieur de Fresnay, juge criminel à Mayenne. Il y eut procès entre les présentateurs et une sentence rendue aux requêtes du Palais confirma le choix de Charles Moche qu'avait fait de Meules.

Au commencement du xviiie siècle, Julien de la Lande, conseiller du roi, assesseur de l'Hôtel de Ville de Mayenne, greffier en chef aux siéges du Grenier à sel et de l'Election de Mayenne, « descendu en ligne directe de « Jean Trottier, fondateur de la chapelle, par représen- « tation de Renée de Meules, fille de Michel de Meules et « de Marie Trottier, celle-ci fille dudit Jean Trottier » présenta pour chapelain son fils Julien de la Lande, clerc tonsuré.

En se démettant de ce bénéfice par acte devant René Davoynes, notaire royal et apostolique à Mayenne, le 27 décembre 1716, le chapelain, Julien de la Lande, qui avait renoncé à la prêtrise et était devenu avocat, présenta à l'évêque du Mans, Jean Guyard, prêtre habitué de l'église de Notre-Dame, en présence de Nicolas Moinery, receveur des tailles de l'Election, René Chalopin, marchand, et Michel Davoynes, prêtre, principal du collège de Mayenne. Jean Guyard prit possession le 12 janvier 1717, devant le même notaire ; il était assisté comme témoins de : Louis Mondières, curé de Notre-Dame de Mayenne, Michel Barbeu de la Couperie, avocat fiscal, et Gilles-Charles Gravelle, conseiller du roi, échevin de l'Hôtel de Ville de Mayenne.

Ambroise Gouyer, demeurant à Charné-Ernée, qui devint prêtre habitué de Saint-Martin de Mayenne, posséda ensuite le bénéfice de la Masure et mourut en 1781. Il eut pour successeur Claude-Julien Lepescheux, prêtre, demeurant à Charné-Ernée, parent des fondateurs. Sa présentation fut faite devant Jean-Baptiste-Charles Josset, notaire royal et apostolique à Laval, le 13 juin 1781, par Julien-Joseph de la Lande, maître particulier des Eaux et Forêts du duché-pairie de Mayenne, demeurant à Ernée, fils de Julien de la Lande, avocat dont on a parlé. Le présentateur signa cet acte devant Jean-René-Léopold-François Lasnier, docteur en médecine, et François-Pierre Lasnier de Vaucenay, négociant à Laval. La prise de possession eut lieu le 30 du même mois de juin devant Pierre Leray, notaire royal et apostolique à Mayenne, en présence de René-Michel Bourdon, prêtre, vicaire à Mayenne, Joseph-François Dupont de Grandjardin, juge civil et criminel du duché de Mayenne, et Antoine Gougis, notaire, greffier au siège de ce duché.

Le temporel de la chapellenie consistait dans la majeure partie du lieu de la Masure, située paroisse de Saint-Martin de Mayenne qui était un fief relevant de la seigneurie de Penneterie ou autrement de la Tricottière ou des Bordeaux, situé même paroisse, ainsi que sur celle de Moulay. Il était dû au seigneur 4# à chaque mutation de chapelain.

Lepescheux louait la closerie de la Petite-Masure à Barthélemy-Gabriel Trippier des Vallées, négociant, et à Jeanne-Désirée Richard Durocher sa femme, moyennant 330# par an aux termes d'un bail du 14 décembre 1789, passé devant Pierre Leray, notaire à Mayenne. La Nation la vendit le 27 avril 1791 moyennant 16.000#. Il ne faut pas confondre la closerie de la Petite-Masure avec la métairie de la Masure, qui était affermée 1.200#, 12 livres de beurre en coin du poids de 18 onces, 2 journées de harnais évaluées à 6# chacune et l'acquit de l'impôt foncier, suivant bail devant Coignard, notaire à Mayenne du 2 ventôse an VI. Cette propriété aliénée nationalement le 21 ventôse an VII, pour 13.300# appartenait à Jean-René Chappedelaine sur qui elle fut confisquée parce qu'il était père d'émigrés.

Pour distinguer la closerie de la Petite-Masure de la métairie dont il vient d'être question, nous en indiquons la composition. Elle comprenait outre des bâtiments d'habitation et d'exploitation, cour, étrage et jardin, les champs du Jardin, de la Landelle, de la Lande, le Grand-Champ, les Champs du Carrefour, du Châtaignier, du Pré, la Petite-Noë, le Grand Pré du Douet et le Champ du « Petit Pleimair ».

Un autre bénéfice avait été aussi accordé à Lepescheux, celui de la chapelle Saint-Michel de la Ville-Limandin, qui consistait dans la closerie de l'Hommeau, située paroisse de Martigné, louée 190# par an, vendue par la Nation le 30 mars 1791, moyennant 6.300#.

LE POMMIER

« Il nomine Patris, et Filii, et Spiritus Sancti. Amen.

Saichent tous que je, Michel Viel, licentier ès-loyx, demeurant en la ville de Mayenne, sain d'entendement et de pensée jaçoit que [1] je sois de présent détenu de maladie corporelle ay faict et faicts, par ces présentes, mon testament, ordonnance de dernière volonté en ma plaine mémoire, en la manière qui ensuit :

« *Premièrement :* — Je donne et recommande mon âme à Dieu, mon père et créateur, luy suppliant et requérant dévotement qu'il ne la veille juger selon sa justice rigoureuse, mais selon sa bonté, pitié et miséricorde ; requérant semblablement sa très digne mère Marie, advocatte vers luy pour les pauvres pécheurs ; priant en après monsieur Sainct-Michel-l'Ange, messieurs saint Jean, saint Pierre, saint Paul, madame sainte Barbe ; et en général recommande ma pauvre âme à tous les saincts et sainctes et cour céleste de paradis.

« *Item.* — Moy mort et expiré, je supplie estre ensevely soigneusement, estre enterré en l'église de Nostre-Dame de Mayenne près Nicolle Besneux [2], ma deffuncte femme, et porté par six prestres, chapelains de cette ville de Mayenne ; et, à mon convoy, veux avoir les prestres et chapelains de cette ville et estre paiés à l'ordonnance de mes exécuteurs.

« *Item.* — Que le jour de mon enterrement soit faict

---

(1) Jà soit que, c'est-à-dire quoique, encore que.

(2) Dans une autre pièce, on lit « Nicolle Briand ».

chanter messe en ladicte église à tous prestres, qui y pourront, icelluy jour, y dire et célébrer messe pour le remède de ma pauvre âme et de mes amis trespassés, et estre paié à chaqun prestre de cette dicte ville trois sols tournois et aux autres de dehors deux sols six deniers tournois, et autres qui ne pourront célébrer messe le dict jour leur soit paié à chaqun deux sols six deniers, en eux chargeant de la célébrer le lendemain en ladicte église ou en leur paroisse.

« *Item.*— Ordonne pour mon luminaire treize torches de cire pezantes chaqune une livre, portées par treize pauvres, auxquels je donne et veux qu'il soit baillé à chaqun une aulne et un quartier de drap bure.

« *Item.* — Huit petits pots avecques encens portés par huit autres pauvres auxquels je donne et veux estre baillé à chaqun vingt deniers tournois.

« *Item.* — Un sceau et cinq angelots d'une livre de cire.

« *Item.* — Ordonne que ledict jour de mon enterraige soit donné d'aumosne et de charité à chaqun pauvre, venant ledict jour, trois deniers ou la valleur.

« *Item.* — Le lendemain de mon dict enterraige, j'ordonne estre commencé un annuel et dict par sept chapelains de cette ville elleus par mes dicts exécuteurs, en ladicte église de Nostre-Dame de Mayenne ; lequel annuel veux estre dit à basse voix aveq vigille par celui qui dira la messe du jour et le « subvenite » et aspersion d'eaue benoiste sur ma fosse, et lequel annuel ordonne estre paié à l'ordonnance de mes dicts exécuteurs.

« *Item.* — Le dernier jour que finira ledict annuel, je ordonne estre faict chanter messes à tous prestres venant en ladicte église de Nostre-Dame de Mayenne et estre paiée comme le dict jour de mon enterraige.

« *Item.* — Ordonne que, le prochain dimanche après mondict enterraige, soit faict dire messes en l'église de

Chastillon à tous les prestres de ladicte paroisse avec vigilles, grande messe à diacre et sous-diacre, et « subvenite » à la fin sur la fosse de mes deffuncts père et mère, et qu'il soit paié à chaqun prestre qui dira la grande messe et qui fera les diacre et sous-diacre quatre sols tournois et aux autres chaqun deux sols six deniers.

« *Item*. — Le lendemain dudict jour ordonne estre commencé un trentain à basse voix en ladicte église de Chastillon par les chapelains esleus par mesdicts exécuteurs et à la fin dudict trentain estre dict grande messe et vigilles et « subvenite » sur la fosse de mes dicts deffuncts père et mère et estre paié auxdicts chapelains selon l'ordonnance de mesdicts exécuteurs.

« *Item*. — Donne à la fabrique de ladicte paroisse de Chastillon vingt sols et deux torches de celles qui auront servi le jour de mondict enterraige, et à la messe des trespassés dudict lieu vingt sols tournois, le tout à une fois paié.

« *Item*. — Donne à la messe des trespassés de Nostre-Dame de Mayenne vingt sols, à la confrairie du Sainct-Sacrement vingt sols et à la fabrique dudict lieu vingt sols tournois, le tout à une fois paié.

« *Item*. — Donne à l'autel de Monsieur Sainct-Julien du Mans, à l'autel de Monsieur Sainct-Michel du Mont, à chaqun treize deniers, à chaqun autel estant en l'église de Nostre-Dame de Mayenne trois deniers tournois, à Messieurs sainct Jacques, sainct Anthoine, sainct Léonard, sainct Martin, au Sainct-Esprit, à sainct Jean de Berne et à la Magdelcine, à chaqun cinq deniers tournois à une fois paié.

« *Item*. — Ordonne estre dict trois messes basses en l'église de Madame saincte Barbe d'Auge (?), pour le remède et salut de mon âme et de mes amis trespassés;

et pour lesquelles je veux estre paié dix sols et, d'offrande à l'autel dudict lieu, quinze deniers tournois.

« *Item.* — Je donne et laisse, par ce présent mon testament, mon lieu et appartenances du Pommier, situé près de cette ville de Mayenne, ainsy qu'il se poursuit avecques une pièce de terre étant derrière la grange de la Mauhétière, qui autrefois furent deffunct Michel Le Mée, à la fondation et dotation d'une chapelle, laquelle veux et ordonne estre desservie à toujours, mais perpétuellement en l'église Nostre-Dame de Mayenne, de deux messes par chaqune semaine, avecques vigilles des morts et « subvenite » sur ma fosse et aspersion d'eaue benoiste, chaque jour que lesdictes messes seront célébrées, scavoir est, l'une desdictes messes au jour de vendredy, et l'autre messe à tel jour que sera mon déceds ; et s'il advient que je décède au jour du vendredy, qu'elle soit dicte le lendemain pour le remède et salut de ma pauvre âme et de l'âme de ma deffuncte femme et de mes amis trespassés.

« De laquelle chapelle je retiens à moy, ma vie durant, la présentation ; et, après mon déceds, je ordonne que ladicte présentation appartienne à Renée, fille de maistre François Roussin, licencié ès-loyx, et de deffuncte Françoise Viel, ma fille, et après son déceds au cas qu'elle décédast sans héritiers issus de sa chair, à maistre Robert Viel, mon frère, et en après à mon plus prochain héritier portant mon nom, et, où il n'y en aurait aucun, à mon autre plus prochain héritier de ma ligne successivement.

« A laquelle, pour cette fois, je nomme et présente Mᵉ Marin Lemaistre, prestre, obstant que (parce que), de présent, n'y en a aucun prestre de ma ligne. Et après ordonne y estre nommé et présenté, comme dict est, des personnes idoines et suffisantes, et si en près venoit que aucun de mes parents fussent prestres, veux et ordonne que mon dict parent, prestre, y soit nommé et présenté et qu'il jouisse de ladicte chapelle, fruits et revenus d'icelle.

« Et la collation et droict d'icelle chapelle confère au Révérend Père en Dieu Monseigneur l'Evêque du Mans auquel je prie et supplie humblement la ériger et décréter en bénéfice perpétuel et aux seigneurs de fief consentir et approuver l'indemnité des dictes choses, et, en cas qu'elles ne pourroient être érigées et décrétées en bénéfice, qu'il fut contredit, débatu et empesché en aulcune manière, je laisse et donne les fruits et revenus desdictes choses à perpétuité pour la célébration desdictes deux messes et service dessus dicts, et ou ledit chapelain n'en jouiroit et qu'il luy fust donné aucun contredit ou empeschement par mes héritiers ou autres, je charge mes autres acquets et veux et ordonne que d'iceux soit pris et extrait autant et jusques à la valleur que peut valloir ledict lieu du Pommier et champ de la Mauhétière, et qu'il soit érigé et décrété en bénéfice perpétuel et indemné au seigneur du fief, ainsi que dict est, et aux charges et conditions devant dictes.

« *Item*. — Je révoque toutes autres donations que je pourrois avoir faict par cy-devant à quelque personne que ce soit, fors la donation de l'argent ou debtes que pourrois avoir faict par cy-devant, audict maistre Robèrt Viel, laquelle donation veux sortir son plein et entier effect.

« *Item*. — Ordonne que le testament de ma deffuncte femme soit accomply et exécutté en ce qu'il en resterait à exécutter.

« *Item*. — Que toutes mes debtes soient paiées et acquittées et mes serviteurs de leurs sallaires et services qui leur pourroient par moy être deubs.

« *Item*.—Veux et ordonne que le contract cejourd'huy

faict et passé entre ledict maistre Robert Viel, sa femme, et moy, sorte son plain et entier effect.

« *Item*. — Veux et ordonne ce présent testament estre accomply et mis à exécution deue. Et ou cas qu'i scroit contredit ou empesché en tout ou partie par mes héritiers, je prive, dès à présent comme dès lors, mes dicts héritiers contredisants ou empeschants des biens de ma succession, et ordonne que tous mesdicts biens qui leur pourroient apartenir soient donnés et repartis aux pauvres à l'honneur de mon Dieu, mon père, et de la vierge Marie, sa mère, pour le remède et salut de mon âme et de l'âme de ma deffuncte femme et de tous mes amis trespassés.

« *Item*. — Pour lequel mon testament, ordonnance et dernière volonté dessus dicte, entretenir et mettre à exécution, je prends, nomme et eslis mes exécuteurs honneste homme maistre François Roussin, licencié ès-loyx et ledict maistre Robert Viel, mon frère, mes féables amis, auxquels je prie et requiers en prendre la charge et auxquels je donne plain pouvoir et authorité faire et accomplir ce dict présent mon testament, au plus tôt qu'ils pouront. Et des biens par moy délaissés, desquels biens, pour ce faire, je leur cède et transporte saisine et mets en mains jusques à l'accomplissement de ce présent mon testament, et révocque et mets au néant tous autres testaments par moy faicts par avant cejour-d'huy.

« Et, afin que ce présent mon testament aict fermetté et valleur, je l'ay signé de mon sing et faict signer et passer à ma requestre par honneste homme Robert Lestoré licentié ès loyx, notaire en cour-laye, sous les contracts de la Cour de Mayenne.

« Cy-mis le vingt-huictième jour de mars après Pasques, l'an mil cinq cent quarante et trois.

« Présents à ce : Jehan Carré, l'aîné ; Jacques Cosnard,

le jeune, et Jehan Vengery, menuisier, tous demeurant en cette ville de Mayenne, tesmoings à ce requis et appelés. Ainsy signés, en la minutte : M. Viel et R. Lestoré. »

Le notaire, Robert Lestoré, sieur de Chêne-Coudé, dépositaire de ce testament, n'ayant pas laissé ses minutes à son successeur, celles-ci restèrent dans sa famille. En 1571, Macé Viel, prêtre, qui avait en vue d'obtenir la chapellenie du Pommier en fit délivrer par Jean Rivière, alors notaire au marquisat de Mayenne, une grosse sur laquelle a été faite la copie qui nous a servi à donner le texte qui précède. Rivière avait été commis pour cette délivrance par le juge général Jacques Labitte, docteur ès-lois, le 7 février 1571, et se fit communiquer l'original du testament demeuré en la possession de Nicolle Lestoré, fille de Robert Lestoré, épouse de Jean des Aulnoys, licencié ès-lois.

La chapellenie du Pommier était desservie à l'autel de Notre-Dame de Grâce de l'église de Notre-Dame de Mayenne.

La présentation de la chapelle du Pommier avait été accordée, comme on l'a vu, à Renée Roussin, petite-fille du fondateur, qui épousa Jacques Peschard. De ce mariage il y eut deux enfants : Jacques Peschard, sieur des Salles, époux de Renée Helliand, et Marie Peschard, femme d'Etienne Lirochon, qui laissèrent de part et d'autre des descendants. Chacun d'eux prétendait avoir le droit de présentation. Ils transigèrent sur leurs prétentions respectives et il fut arrêté par acte du 4 mai 1585, que les représentants des deux branches l'exerceraient alternativement. C'était le parti le plus sage.

Si nous en croyons des notes de famille, Jacques Peschard et Marie Peschard auraient eu dans leur postérité les personnes qui vont être désignées.

Postérité de Jacques Peschard des Salles

Jacques Peschard eut de son union avec Renée Helliand deux enfants :

1° Renée Peschard, épouse en premières noces de René de Bazogers, élu en l'Election de Mayenne, et en deuxième mariage de François Thoumin, sieur de Péroux.

2° Et Marie Peschard, mariée à Julien Lair, sieur de la Boisardière.

Du mariage Bazogers-Peschard naquit René de Bazogers, contrôleur au Grenier à sel de Mayenne, qui eut trois enfants de Renée Frican :

1° Renée de Bazogers, épouse de René Lefebvre de Loyère, écuyer, chevalier du Guet à Mayenne, d'où Marguerite Lefebvre, épouse d'Adam Deschamps, conseiller à la Barre ducale de Mayenne.

2° Marguerite de Bazogers épouse de Jacques Bouthier de la Berthellière.

3° René de Bazogers, contrôleur au Grenier à sel de Mayenne, époux de Marguerite Chevalier, d'où René de Bazogers, mari de Françoise Pidault [1].

De l'union Lair-Peschard sortit une fille, Renée Lair, épouse de René Le Bourdais, sieur de Fresnay, juge général civil et criminel au duché de Mayenne, qui eut pour fils Louis Le Bourdais, sieur de la Baronnière, prévôt de la ville de Mayenne, mari de Suzanne Cazet, et pour petit-fils Urbain Le Bourdais.

Postérité de Marie Peschard

Marie Peschard épouse d'Etienne Lirochon eut :

Pour fille : Françoise Lirochon, épouse de Pattier de la Quantinière.

---

(1) Il y eut du mariage Bazogers-Pidault un fils, René de Bazogers, qui devint juge civil de la Barre ducale de Mayenne.

Pour petit-fils : Jean Pattier, sieur de la **Quantinière**, et pour petite-fille Jeanne Pattier, épouse de **Jean Geslin**, sieur de la Morlière, docteur ès-lois, avocat.

Pour arrière-petite-fille : Anne Geslin, épouse de Philippe de Jonchère.

Une fille de ce dernier mariage, Renée de Jonchère, épousa François Gestière, avocat.

Ces notes généalogiques peuvent servir à expliquer la nomination de quelques-uns des chapelains du Pommier, qui étaient parents ou alliés des descendants du fondateur.

Jean Bignon, prêtre, est un des premiers titulaires de la chapellenie et en eut la jouissance pendant une quinzaine d'années. Sa présentation avait été faite par Françoise Lorichon, épouse de Pattier de la Quantinière.

Il a pour successeurs :

Pierre Viel, qui obtient la collation de l'évêque du Mans, le 4 novembre 1636, sur la présentation de François Thoumin de Péroux et de Renée Peschard, son épouse.

René Desnos, prêtre, présenté par Jean Pattier, sieur de la Quantinière, fils de Françoise Lirochon, suivant acte devant Esnault, notaire à Mayenne, le 26 octobre 1653.

En 1662, Renée Peschard, veuve de Thoumin de Péroux, présente Urbain Le Bourdais, clerc du diocèse du Mans, qui devait être son petit-neveu, comme étant fils de René Le Bourdais et de Renée Lair, par acte devant Michel Davoynes et Guillaume Fourmond, notaires à Mayenne, du 15 avril 1662. Deux jours après, le 17, Philibert-Emmanuel de Beaumanoir de Lavardin, évêque du Mans, lui accorde des lettres de provision.

Urbain Le Bourdais devint curé de Saint-Georges-Buttavent.

A sa mort en 1696, Jean Gastin, prêtre habitué de la même paroisse, lui succède. Il tient sa présentation de

Louis et Nicolas Le Bourdais, et de René de Bazogers [1].
L'évêque du Mans, Louis de la Vergne de Montenard
de Tressan le pourvoit, par lettres du 11 août 1696.

Gastin mourut en 1721. Il était fils de Marie Le Bourdais et de Jean Gastin des Provostières, contrôleur au
Grenier à sel de Mayenne, petit-fils de Louis Le Bourdais
et de Suzanne Cazet, et avait deux frères, Pierre Gastin,
prêtre, François Gastin, et trois sœurs Marie et Charlotte au couvent d'Ernée, et Marguerite qui épousa
Nicolas Sedillier de la Merveille.

Après Gastin, Urbain Le Bourdais présente François-
René Le Bouvier du Hameau, clerc tonsuré, fils de Pierre-
François Le Bouvier du Hameau, lieutenant de bour-
geoisie, et de Marie Le Bourdais, devant Davoynes, notaire à Mayenne, le 23 mai 1721, mais Le Bouvier n'en
prend pas possession.

Un clerc tonsuré, Nicolas-Louis Le Bourdais, fit des
démarches pour se faire présenter par Urbain Le Bourdais ; celui-ci s'y refusa.

Enfin Germain Bouthier de la Berthellière, prêtre,
demeurant à Grazay, remplaça Gastin, sur la présentation de René de Bazogers ; conseiller assesseur de la
Barre ducale. L'évêque du Mans le pourvut le 5 juin
1721. Il se mit en possession devant René Davoynes,
notaire royal et apostolique à Mayenne, le 9 du même
mois.

Jean Gastin avait négligé de faire des réparations à la
closerie du Pommier, et Bouthier, son successeur, assi-
gna à la Barre ducale la sœur du défunt et son héritière,
Marguerite Gastin, alors veuve du sieur de la Merveille.
René de Bazogers, patron et présentateur de la chapellenie à cette époque, intervint pour arrêter le procès,
et la dame de la Merveille, prit l'engagement de payer

---

[1] Acte du 6 juillet 1696.

une indemnité, à forfait, de 600^{tt} pour être déchargée des obligations qui lui incombaient.

Bouthier meurt le 19 mai 1737, et René de Bazogers, juge général civil et ordinaire du duché, en sa qualité de descendant de Renée Peschard, choisit pour chapelain, le 5 juin de la même année, François Deschamps, curé de Saint-Loup-du-Gast, né du mariage d'Adam Deschamps, conseiller à la Barre ducale, et de Marguerite Lefebvre de Loyère [1]. François Deschamps reçoit des lettres de l'évêque du Mans, le 7 du même mois, et entre en possession le 14, devant Joseph Gourdier, notaire apostolique à Mayenne.

Il eut pour compétiteur Julien Lair, fils de Jean Lair et de Marie Lamberdière, qui venait d'être tonsuré à la Passion de 1727. C'était aussi un parent du fondateur et sa présentation, datée du 29 mai, fut faite par Urbain Le Bourdais, fils aîné de Louis Le Bourdais ; et, l'évêque l'ayant aussi pourvu, il se mit en possession, comme il appert d'un acte devant le notaire Gourdier du 8 juin suivant. Pour lutter avec plus d'avantage contre la nomination de Deschamps, il réussit à se faire encore présenter par Renée de Jonchère, épouse de François Gestière, avocat à Mayenne, qui descendait de la branche Lirochon-Peschard.

Un procès s'engagea entre les deux prétendants. François Deschamps, quoique premier occupant, se montrait peu rassuré sur son issue. Il avait omis l'insinuation de sa présentation et de ses provisions dans le mois de leur date. Nouet, avocat à Paris, consulté, le tranquilisa sur le sort de cette difficulté. Lair rappelant la transaction du 4 mai 1585, qui décidait que les présentations auraient lieu tour à tour par les enfants du

---

(1) François Deschamps avait été baptisé en l'église de Notre-Dame de Mayenne le 3 mars 1671. Il eut pour parrain Laurent des Plantes, docteur en Sorbonne, religieux de l'abbaye de Clermont, près de Laval.

fondateur, alléguait que de Bazogers, présentateur de son adversaire, usurpait son rang. Pourtant il lui fallut finalement renoncer à ses moyens et laisser Deschamps jouir en paix de son bénéfice.

René-Pierre Deschamps, prêtre habitué de Notre-Dame de Mayenne, proche parent de François Deschamps, décédé, possède après ce dernier la chapellenie. Il a la présentation de René de Bazogers, le juge dont on a parlé. Celle-ci fut signée le 9 janvier 1740, suivie de provision épiscopale, puis d'une prise de possession devant Gourdier, notaire, le 27 janvier 1740, en présence de Louis Benoist, prêtre, vicaire à Mayenne, et de Julien de la Lande, avocat à la Barre ducale. La transaction du 4 mai 1585 devint lettre morte, et la famille de Bazogers ne cessa d'user seule du droit de présentation. La paroisse de Contest eut René-Pierre Deschamps pour curé. Sa mort arriva dans les premiers jours de septembre 1779.

La chapellenie est alors donnée à Hercule-Prosper-Marie de Chapedelaine, fils de Jean de Chappedelaine, chevalier, seigneur d'Isle, et de Marie-Renée de Bazogers. Ces derniers signèrent devant Pierre Leray, notaire royal et apostolique à Mayenne, le 13 septembre 1779, leur présentation qui était adressée au roi, « à cause de son droit de régale ».

En vertu de lettres de provisions du roi, du 17 octobre 1779, Hercule de Chapedelaine se mit en possession le 1er février 1780, par acte devant Pierre Leray, notaire royal apostolique à Mayenne [1].

---

(1) Chapedelaine, titulaire du Pommier, posséda aussi une prestimonie dite de Saint-Nicolas de la Ragottière, desservie en l'église de Grazay, qui était à la présentation de sa mère, Marie-Renée de Bazogers, Il y fut présenté le 13 septembre 1779, devant Leray, notaire à Mayenne, l'obtint par provision du Chapitre de la cathédrale du Mans, du 6 octobre suivant, et en prit possession devant ledit notaire le 6 novembre de la même année. Cette prestimonie se nommait la Ragottière parce qu'il en dépendait la closerie

Jean-François Zérelly, prêtre du diocèse de Palerme, en Sicile, d'origine italienne mais naturalisé français par lettres datées à Versailles du mois de septembre 1780, chapelain des Calvairiennes de Mayenne, fut le dernier des titulaires du Pommier. Hercule de Chapedelaine était mort en 1786 et son père et sa mère présentèrent Zérelly par acte devant Pierre Leray, le 8 avril de la même année. Sa prise de possession eut lieu le 15 de ce mois, en présence de François-Michel Coulon-Desrochers, prêtre, d'Antoine Gougis, notaire, greffier de la Barre ducale, de François Duhail, notaire royal, demeurant tous à Mayenne.

La closerie du Pommier était louée annuellement aux époux Pottier, moyennant 380 ^{tt} en argent, six chapons, six poulets, la dîme et l'impôt, par bail du 11 janvier 1788. La nation la vendit le 5 mars 1791 pour 11.700 ^{tt}.

de la Ragottière, dite également de la Basse-Ragotière, située paroisse de Jublains, relevant à foi et hommage simple du seigneur de la Haie-sur-Colmont, qui était alors Le Mercerel de Chasteloger, auquel il était dû vingt deniers à l'Angevine et le rachat à chaque changement de chapelain. La Ragottière fut vendue nationalement, le 3 mai 1791, pour 11.300 ^{tt}. Le dernier titulaire de la Ragottière fut François Coupeau, prêtre, vicaire de Jublains. Cette chapellenie avait été également donnée à François et René-Pierre Deschamps, deux possesseurs du Pommier dont il a été parlé.

LES NEZAN

Jean de Nezan, prêtre de la paroisse de Notre-Dame de Mayenne, a été le fondateur de la chapelle qui porte son nom. On va trouver un extrait de son testament à cet égard dans le décret qu'accorda, le 13 octobre 1550, « Nicolas du Chemin, docteur en droit, archidiacre de « Sablé, chanoine prébendé de l'église du Mans, official « du Mans et vicaire général au spirituel et au temporel « de Jean du Bellay, cardinal-évêque d'Albe, évêque du « Mans ».

« Universis præsentes litteras inspecturis, Nicolaus « du Chemin, presbyter, jurium doctor, archidiaconus « de Sabolio et canonicus prebendus in Ecclesiâ cœno- « manensi, officialis cœnomamensis, ac vicarius in « spiritualibus et temporalibus generalis Reverendis- « simi in Christo patris et domini domini Joannis Bel- « laii, sacrosanctæ Romanæ Ecclesiæ cardinalis, epis- « copi Albanensis et Cœnomanensis, salutem in domino « sempiternam.

« Devotorum Christi fidelium pia desideria quæ divini « cultûs augmentum et salutem respiciunt animarum « libenter paterno favore prosequimur, eisque beni- « gnum impartimur assensum : sanè pro parte discreti « viri magistri Joannis de Nezen, presbyteri in paro- « chiâ Beatæ Mariæ de Meduanâ, cœnomanensi dioce- « sis, commorantis, nobis fuit expositum quòd ipse de « suâ propriâ parentumque, amicorum et benefacto- « rum suorum salute recogitans, et terrena in celestia « commutare desiderans, unam capellaniam perpetuam « de unâ missâ ac vigiliis mortuorum et *Subvenite*, sub-

« missâ voce, quâlibet hebdomadâ perpetuùm futuris
« temporibus in capellâ sancti Anthonii, in cæmeterio
« dicti loci de Meduanâ sitâ, eo die quo dictus de Nezen
« ab hoc seculo migrabit, dicendis et celebrandis, fun-
« dare et dotare proposuit.

« Ad cujus quidem capellæ fundationem et dotatio-
« nem legavit, transportavit et assignavit res heredita-
« rias et immobiles in suo testamento seu ultimâ vo-
« luntate, de die dominicâ existénte decimâ nensis Junii
« anni domini millesimi quingentesimi quadragesimi
« octavi confecto et passato, et per eumdem de Nezen
« ac Ricardum Jolys, presbyterum, vicarium ecclesiæ
« parochialis dicti loci de meduanâ, Joannem Tron-
« chay et Julianum Belot, notarios regios signato, con-
« tentas, declaratas et specificatas ac per officiarios do-
« mini baronis dicti loci indemnisatas et amortissatas,
« prout in litteris quibus præsentes annectuntur latiùs
« declaratur ; cujus quidem testamenti tenor sequitur et
« talis est... »

« *Item*. — Je veux et ordonne, ainsi qu'avois par cy-
« devant voulu et ordonné par autres testaments, qu'il
« soit dict et célébré, par chascune sepmaine, une messe.
« et vigille et un *Subvenite*, le tout en bas, à perpétuité,
« pour mon âme et âmes de mes amis trespassés, à tel
« jour en la sepmaine que je décéderai de ce monde ;
« quel service veux estre célébré en la chapelle Saint-
« Anthoine, et, pour la fondation et dotation d'iceluy
« legs et petite chapelle et pour le salaire du chape-
« lain qui célébrera iceluy service, je donne, laisse
« et hypothèque et oblige à toujours mais, par héritage,
« ma maison par moy acquise en laquelle je réside
« de présent, tout ainsy qu'elle se poursuit et com-
« porte, tant le haut que le bas, avec la cour, estable
« et jardin comme ils se comportent, situés derrière
« icelle maison, avec la servitude qu'ay d'aller, par

« une huisserie de ma cour, et venir à toutes mes
« nécessités ; laquelle maison et jardins sont d'un côté
« joignant la cour et jardin de Mᵉ Loys Gastin, autre
« côté au chemin et jardins à présent possédés par
« Mᵈ Pierre Lemée, le tout situé en la ville de Mayenne,
« près les halles, au fief et seigneurie de Monseigneur le
« baron de Mayenne, à la charge de payer, par chascun
« an, à la dicte seigneurie dix deniers tournois de rente ;
« et sera tenu ledict chappelain, qui possédera les dictes
« choses, les entretenir en bonne et suffisante répara-
« tion ; et veux et ordonne et présente, pour première
« présentation, Mᵉ Pierre de Nezen, mon parent et ami,
« demeurant à présent au bourg de Parigné, près de
« Mayenne, pour dire et célébrer ledict divin service,
« par chascune sepmaine, après ma mort et trespas, et
« pour avoir les proficts et émoluments d'icelle dotation
« sa vie seulement ; et veux que en prenne la possession
« incontinent après ma mort et qu'en dispose comme
« de ses autres choses, et lui en baille, cède et trans-
« porte tous droicts, noms, raisons et actions dépendans
« des dictes choses ; et, après la mort et décèds du dict
« Mᵉ Pierre de Nézen, je veux et ordonne que Monsei-
« gneur, notre haut prince et baron de Mayenne, auquel
« je laisse la présentation d'icelle petite chappelle, sup-
« posé qu'il lui plaira de sa grande libéralité l'indem-
« ner et présenter, s'il veut, un prebstre de mon nom et
« parenté ou un autre à sa discrétion et volonté, homme
« de bonne (vie) et mœurs, âgé comme de trente-cinq
« ans ou plus, de bonne conversation et suffisante litté-
« rature, lequel demeurera en la dicte maison ; et sera
« cogé ledict prebstre de dire lesdicts services et cogé par
« ledict seigneur ou ses officiers de l'entretenir en répa-
« ration ; et né permettra en la maison demeurer loua-
« gers tenans publique taverne. Et, au cas que mon
« testament seroit contredict ou empesché par mes

« héritiers en recusant mes meubles ou empes -
« chant madicte fondation ou en tout ou en partye, je
« prive mes dicts héritiers, contredisans en tout ou en
« partye à l'ordonnance de mon testament, de tous mes
« acquets et retraicts qu'ay faicts au lieu du Bois-Bigot
« et d'Aron, et les donne, en ce cas, aux fabriques de
« Contest et de Nostre-Dame de Mayenne, moitié par
« moitié, et donne pouvoir et authorité aux procureurs
« d'icelles paroisses les vendre pour augmenter leurs
« fabriques ; et oblige iceux mes héritiers et tous mes
« biens, meubles et immeubles pour faire ériger icelles
« choses en bénéfice perpétuel, et veux que la meilleure
« de mes chappelles, c'est-à-dire, le linge meilleur et la
« meilleure chasuble, non compris mon calice d'argent,
« soient baillé au chappelain qui dira ledict service, et
« serve autant qu'il pourra durer.

« Supplicans et requirens dictus de Nezen, ipsius prædic-
« tam fundationem et dotationem laudare et approbare,
« eamque in beneficium perpetuum erigere vellemur et
« dignaremur ; cujus supplicationi et pio desiderio an-
« nuentes, ac eum in suo salubri proposito confove-
« re cupientes, postquàm prædictas res sicut permittitur,
« legatas et donatas pro præfato servicio continuando,
« dicendo et celebrando, per informationem super earum
« annuo veroque valore auctoritate nostrâ factam, suffi-
« cientes esse comperimus, ipsam fundationem et dota-
« tionem, secundùm ejus formam et tenorem, auctori-
« tate dicti domini Reverendissimi, quâ fungimur in hâc
« parte, laudamus, ratificamus et approbamus ; nomen
« seu dicti domini Reverendissimi decretum, assensum
« et auctoritatem eidem interponimus per præsentes ;
« jus patronatûs et præsentationem dicto fundatori pro
« primâ vice, posthac verò domino baroni dicti loci de
« meduanâ pro tempore existenti, collationem et
« provisionem et aliam omnimodam dispositionem

« domino Reverendissimo Cardinali cœnomanensi epis-
« copo, suisque successoribus episcopis cœnomanensi-
« bus respectivè reservamus et retinemus.

« In quorum omnium et singularum fidem et testi-
« monium præmissorum, sigillum dicti domini Reve-
« rendissimi præsentibus duximus apponendum.

« Datum cœnomani, die tricesimà mensis octobris,
« anno domini millesimo quingentesimo quinquage-
« simo ».

Signé : M. Pitard.

Les biens affectés à la chapellenie comprenaient une maison et un jardin, « scitués près la halle de Mayenne (place actuelle Louis-de-Hercé), coustéant les fossés et aboutant à la Grande-Rue ». Ce sont les termes d'un acte passé devant Richard Surgan, licencié ès-lois, bailli de Mayenne, le 27 novembre 1548, par lequel nobles François de la Chaussée, sieur du dit lieu, et Auguste de Champagné, hommes d'affaires de la baronnie de Mayenne, déclarèrent « admortir et indemner à Jehan de Nezen » les immeubles qu'il avait donnés aux termes de son testament du 10 juin précédent. Ajoutons comme complément de désignation que les biens dont Nezan disposait touchaient alors au Grenier à sel [1].

(1) Le Grenier à sel fut transporté sur l'ancienne place du Jubilé (place Juhel), et ses bâtiments servirent à l'aménagement du four banal dit du Haut de Ville. La rue qui conduisait de la place inférieure du Palais (place Louis-de-Hercé) à la petite place où se trouvait le four bannal fut alors appelée « rue du Four », nom qu'elle porte encore actuellement.

Dans un règlement de droits, intervenu entre Marie-Anne de Rommaigné, veuve de Claude-Raymond Brochet des Jouvences, ancien receveur des Tailles de l'Election de Mayenne, et Thomas Duvivier de la Cocherie, devant Pierre Lesage, notaire à Mayenne, le 4 juin 1784, nous trouvons que la maison et le jardin de la chapellenie des Nezan étaient situés Basse-place du Palais (place Louis-de-Hercé), près de la cour Gastin (cour commune, au sud de cette place), entre cette cour et la rue du Four. Il y était dit « que M. et « M^es des Jouvences avaient été autorisés à pratiquer des fenêtres et « portes... sur la ruelle commune entr'eux et ledit Duvivier, ladite ruelle

Le bénéfice des Nezan fut souvent désigné par chapelle Saint-Anthoine, parce que la messe par lui fondée était célébrée dans la chapelle dédiée à Saint-Antoine, qui se trouvait au milieu du cimetière de ce nom, paroisse de Notre-Dame, en face les bâtiments qui viennent d'être construits au Petit-Séminaire, rue du Vieux-Cimetière. Cette double dénomination peut amener quelque confusion entre les chapelains des Nezan et ceux d'autres chapellenies desservies également dans la chapelle Saint-Antoine du cimetière.

On peut citer quelques-uns des chapelains qui ont succédé à Pierre de Nezan, prêtre, parent du fondateur :

Mathias Nivert, prêtre.

Robert Hervé, prêtre, qui mourut en 1606.

François Tribondeau, prêtre, curé de Moulay, présenté par Charles de Lorraine, duc de Mayenne. Il prit possession en septembre 1606, devant Jean Tasseau, prêtre, notaire apostolique, en résidence à Placé, en présence de Jean Colin, prêtre, demeurant à Mayenne, de Hélie Cazet, sieur de la Motte, et de Jacques Neveu, demeurant l'un et l'autre à Moulay.

Pierre Joly, prêtre habitué de l'église de Notre-Dame, prend possession « des chapelles de Saint-Anthoine au grand cimetière de l'Hôtel-Dieu de Mayenne », le 3 janvier 1685, devant Michel Davoynes et Simon Launay, notaires royaux à Mayenne, en présence de Patrice Thoumin, sieur de la Varie, Guillaume Fourmond, procureur de l'Hôtel-Dieu, Estienne Colin, sieur de Montreux, Jean Juguin, avocat, demeurant tous à Mayenne, mais la chapelle Saint-Anthoine dont il vient d'être parlé, est-elle la même que celle aux Nezans ?

« servant à l'exploitation, par ladite cour Gastin, tant du jardin dudit sieur
« Duvivier, situé sur ladite ruelle, et des bâtiments à lui appartenant et par
« lui reconstruits à neuf... situés aussi sur ladite ruelle, au-dessous du jardin
« du sieur Le Jarriel, dépendant autrefois de la chapelle des Nezans... »
(V. aussi contrat devant Mathieu Leclair, notaire à Mayenne, du 18 avril 1763).

François Margoton, prêtre, demeurant à Parigné.

Jean-Louis Plessis, prêtre (1764) ; il meurt en 1774.

Simon-François Durand, clerc tonsuré du diocèse de Paris, demeurant au collège de la Marche, qui avait la présentation de Louise-Jeanne Durfort de Duras, duchesse de Mazarin et de Mayenne, épouse de Louis-Marie-Guy d'Aumont. Il obtint ses provisions de Louis-André Grimaldi, évêque du Mans. Son mandataire, Philippe-René Guyard, prêtre, principal du collège de Mayenne, fit pour lui acte de possession le 22 juin 1774, en présence de René Maupetit, agent du duché de Mayenne, suivant procès-verbal de Pierre Leray, notaire royal et apostolique à Mayenne. Trois ans après, ce chapelain donna sa démission et fut remplacé par Pierre-François Grand, « prêtre du diocèse de Lyon, demeurant « à l'hôtel de la sacristie de l'église collégiale de Saint- « Dizier, de Lyon » ; il entra en possession le 7 juillet 1777 [1].

On vendit les biens dont jouissait le chapelain vers 1776. La maison du fondateur ne se trouvait plus alors dans l'alignement des hôtels nouveaux et en rompait l'harmonie. Elle fut expropriée ainsi qu'il appert d'un arrêt du Conseil d'Etat du 1er mai 1775 et de Lettres patentes du roi expédiées à Versailles le 2 juin suivant. La vente aux enchères était autorisée et le prix de l'adjudication devait être employé en rentes au profit des titulaires de la chapellenie. Dans une délibération que les officiers municipaux de la ville de Mayenne eurent à prendre à ce sujet, en exécution d'un arrêt du parlement du 4 décembre 1775, ils s'y plaignent un peu de l'inaliénabilité des biens de main morte :

Aujourd'hui, vingt-deuxième novembre mil sept cent soixante-seize, deux heures de relevée,

Les officiers municipaux de la ville de Mayenne, sous-

[1] Acte devant Pierre Leray, notaire royal et apostolique à Mayenne.

signés, assemblés à l'hôtel de ville, en assistance de
M. Joseph Guimond, secrétaire-greffier dudit hôtel,
savoir faisons que...

Nous estimons, conformément à l'avis de M⁰ Moullin [1]
que l'aliénation proposée de la maison et dépendances,
situées sur la place du Palais de cette ville (place Louis-
de-Hercé), faisant le seul revenu de la chapelle au Nézan,
est une opération utile à la décoration de notre ville, que
cette maison, retirée de huit pieds de l'alignement des autres maisons de la dicte place, nuit à la régularité ; que
tant qu'elle sera entre les mains du titulaire de la dite
chapelle, elle demeurera toujours avec une seule petite
croisée, grillée, avec un escalier saillant en pierres brutes,
une trappe extérieure pour descendre dans la cave, et que,
dans cet état, non seulement elle nuirait à la décoration
de la place, mais même elle serait nuisible au dégage-
ment nécessaire dans une ville ; qu'ainsy nous estimons
que rien ne peut être plus avantageux que la vente de
cette maison à un particulier, qui ne manquera pas de la
faire reconstruire à l'alignement des autres maisons de
la dite place, ce que ne pourrait faire un bénéficier parce
que la reconstruction à ses dépens de cette maison ab-
sorberait pour lui la valeur du bénéfice ; qu'il serait à
désirer que tous les titulaires de bénéfices, qui possèdent
des maisons dans notre ville, consentissent à ce qu'elles
fussent aussy aliénées et qu'elles entrassent dans le
commerce ordinaire.

Fait et arrêté, à l'hôtel de ville de Mayenne, le dit
jour 22 novembre 1776.

LE PLAT,   GAUTIER,
Maire.   GUIMOND,   *Echevin.*
                 Greffier.

(1) Zacharie-Thomas Moulins de Vaucillon, procureur fiscal à la Barre
ducale de Mayenne.

Le prix de vente des biens de la chapellenie et l'emploi qui dut en être fait sont ignorés. En 1764, le chapelain Plessis louait la maison et le jardin dont il s'agit à Mathurine Lepineau, veuve de François Guyard, moyennant 100# livres par an.

LES FAULCHEUX

—

Le 28 mars 1573, François Le Faulcheux, licencié ès-
lois, curé de Melleray et de Saint-Martin de Mayenne,
fonda par acte devant Julien Le Moulnier, notaire royal
à Mayenne, une chapellenie « pour l'augmentation du
« service divin et le repos des fidèles trépassés ». Elle
comprenait le service de trois messes par semaine à l'autel Saint-Julien de l'église de Notre-Dame de Mayenne,
les lundi, mercredi et vendredi. La célébration des of-
fices devait avoir lieu à huit heures du matin, de Pâques à la Toussaint, et à neuf heures, le reste de l'année.

Le titulaire de la chapelle était astreint à dire lui-même
les messes. Le curé de Saint-Martin avait réservé la présentation au prieur du prieuré de Saint-Jean de Berne,
près de Mayenne. Si le prieur ne résidait pas à Berne, le
droit de présentation passait au procureur de la fabrique de l'église de Notre-Dame.

Il était obligatoire pour le présentateur de choisir un
prêtre de la famille du fondateur. A défaut, le bénéfice
revenait au prêtre le plus âgé, né à Mayenne et y habitant.

Pour assurer l'exécution de ses intentions, le fondateur donna divers biens dont on trouvera plus loin la
désignation, entre autre un immeuble, situé paroisse
de Notre-Dame de Mayenne, en face le bas de l'église,
dans l'angle formé par la Grande-Rue et l'impasse con-
duisant au presbytère. Cet immeuble était grevé d'une
rente de 17 sols 6 deniers, qui resta à la charge du chapelain. Celle-ci avait été léguée par « honorable femme
« Marie Bigot, veuve de deffunct honneste homme Gervais
« Lefaucheurs », aux termes de son testament notarié, en
date du 20 février 1538, et dans les termes suivants :

La testatrice, disait le notaire, « a donné et ordonné à perpétuité la somme de dix-sept solz six deniers tournois de rente, à l'entretien de la messe des trespassés entretenue en l'église de Nostre-Dame de Maienne, qu'elle dict avoir droict d'avoir et prendre par chascuns ans, sur la maison, jardin et appartenances à présent appartenant aux héritiers de deffunct François Le Faulcheurs (père de notre fondateur), situés près l'église de Nostre-Dame de Maienne, chemin par où l'on va au presbytère de Maienne, et d'un cousté la maison, cours et jardin qui furent deffunct maistre Le Gravelais, doyen de Maienne, et d'un bout au pavé de la Grande-Rue de Maienne et d'aultre cousté la maison, cours et jardin et appartenances dudict deffunct Le Gravelais ».

Cette rente fut toujours servie jusqu'en 1789.

François Le Faulcheux, curé de Saint-Martin, était fils de François Le Faulcheux, sieur de la Masure, marchand à Mayenne, et d'Ambroise Le Gravelais. Cette propriété de la Masure était entrée dans la famille Le Faulcheux par l'acquisition qu'en avaient faite François Le Faulcheux, marchand, et Jeanne de Meules, sa femme, aïeux de notre fondateur, de leur oncle Michel de Meules, par contrat du 31 juillet 1492. Elle en sortit le 1er décembre 1543, Macée Le Faulcheux, sœur du curé de Saint-Martin, épouse d'Adrien Cazet, sieur du bourg de Vautorte, l'ayant vendue à Robert Viel, qui devint sieur de la Masure, et à Marguerite Cazet, sa femme [1].

---

(1) Lors du partage des successions de ses parents, François Le Faulcheux, avait eu dans son lot la métairie du Terras, paroisse de Saint-Martin de Mayenne. Il laissa de nombreux héritiers, parmi lesquels on peut citer :

1° Perrine Madré, femme de Julien Levannier, sa nièce.

2° François Le Faulcheux, licencié ès-droits, lieutenant au siége de Craon, son neveu.

3° Guillaume Lair, écuyer, sieur de la Touche.

La chapelle des Faulcheux a eu les titulaires dont les noms suivent :

1619. — Claude Frixon, prêtre, originaire d'Averton. Sa prise de possession, du 8 mai 1619, fut constatée par un procès-verbal dressé par Julien Aubert, curé de Notre-Dame de Mayenne, qui était notaire apostolique.

1660. — Claude Frican, prêtre, demeurant à Paris. Son fondé de pouvoir, Pierre Morin, curé de la Bazoge-Montpinçon, se mit pour lui en possession, le 7 avril 1660, par acte devant Pierre Duroil, notaire royal à Mayenne, en présence de Michel Choquet et d'Antoine Gestière, prêtres.

Un autre prêtre, Louis Rousseau, sieur de la Touche, demeurant à Mayenne, présenta à la même époque, le 3 avril 1660, requête à noble René Le Faulcheux, sieur de Chastenay, procureur de la fabrique de Notre-Dame, pour obtenir d'être présenté à la nomination de l'évêque[1]. Le Faulcheux lui répondit qu'il ignorait si, comme procureur, il avait cette qualité. Il est probable que les prieurs de Berne s'étaient maintenus jusqu'alors dans leur droit de présentation, encore bien que le prieuré fut donné en commende et que les prieurs ne résidassent plus.

Avant Claude Frican, la chapellenie avait dû être occupée par un prêtre du même nom, car on lit dans une lettre adressée le 2 mars 1660, par la mère de Louis Rous-

4° Renée Le Valois, fille mineure de René Le Valois, écuyer, sieur de Pont-Perrin et du Neufbourg, et d'Anne Lefaucheux.

5° Pierre Lefaucheux, marchand, sieur de la Vigne, son neveu.

6° Les enfants de sa sœur Ambroise Lefaucheux, épouse de Jean Frican, savoir : Adrien Frican, sieur de la Hamardière ; Pierre Frican, sieur de Montaudin, mari de Renée Gaudin ; Ambroise Frican, sieur de la Henrière, et Catherine Frican, mariée à Guillaume Douesneau, sieur de la Mauvaltière.

7° Renée Lefaucheux, épouse de Laurent Sellier, sieur de Beauvais.

(1) Acte devant Jacques Hamon et Nicolas Lemaître, notaires royaux à Mayenne.

seau, née Lair, à Bordeau de la Croix, avocat à Mayenne, qu'elle chargeait de dresser une généalogie régulière pour appuyer la candidature de son fils : « ... un Faulcheux, curé de Melleray, oncle de défunte madame de la Tousche, grand'mère de l'official, dont elle fut héritière, avait fondé la chapelle qui, je crois, est vacante, par la mort de Monsieur Frican, mais je n'ai point la fondation, ni titres... ».

1668. — Levannier, prêtre.

1696. — Jean Jamelin, prêtre, curé de Saint-Loup-du-Gast, mort en 1697. Il avait été vicaire à Mayenne.

1697. — Pierre Joly, prêtre habitué de l'église de Notre-Dame de Mayenne, né à Mayenne, de Pierre Joly et de Nicolle Bizeul. Plusieurs prétendants lui disputèrent le bénéfice.

1700. — François Geslin, prêtre, demeurant à Cochereau, paroisse de Madré. Il mourut en 1735.

1735. — Joseph Valiquet, prêtre, né à Mayenne, présenté le 10 juin 1735, par Emmanuel Duval, avocat, procureur de la fabrique de Mayenne. Il fut nommé chapelain par l'évêque du Mans et entra en possession devant Joseph Gourdier, notaire à Mayenne, le 17 du même mois. La présentation de Valiquet avait dû être faite par Anne Le Faucheux, fille de Pierre Le Faucheux, élu en l'Election de Mayenne. La chapelle de l'Isle de Mayenne, dont il sera parlé, avait aussi Valiquet pour titulaire.

17... — Louis Bourgoin de la Bourgonnière, prêtre, déjà titulaire de la chapelle des Contents, décédé en 1774.

1774. — René-François Barbeu du Boullay, prêtre du diocèse du Mans, né à Mayenne, le 24 novembre 1735, demeurant à Saint-Martin de Mayenne, fils de François Barbeu du Boullay, avocat, juge civil et criminel de la baronnie de Fontaine-Daniel, et de Marguerite-Suzanne Jouannault. L'entrée en possession de ce chapelain eut lieu devant Pierre Leray, notaire royal apostolique à

Mayenne, le 4 octobre 1774. Il avait reçu la tonsure au Mans, à Pâques de l'année 1755. Sa mère lui donna pour titre sacerdotal 50ʰ de rente viagère, sur le lieu de l'Applégement, paroisse de Commer [1].

Pour obtenir la chapellenie Le Faucheux, René-François Barbeu s'était vu devancer par deux concurrents.

Jacques-François Boutrot, prêtre du diocèse du Mans, vicaire à Niort, prétendit avoir droit à la chapelle comme parent du fondateur et formula, à l'effet d'en être pourvu, des réquisitions par acte devant Pierre Leray, le 30 août 1774. Sa tentative demeura vaine parce qu'il ne pouvait justifier de sa filiation.

François Riou, né à Mayenne, le 5 septembre 1724, du mariage de François Riou, hôte, et de Catherine Mesnage, prêtre habitué de l'église de Notre-Dame de Mayenne, où il remplissait les fonctions de sous-diacre, obtint sa présentation de Pierre-Joseph Pattier, marchand de draps de soie, procureur de la fabrique de Notre-Dame, le 5 septembre 1774, puis des provisions de l'évêque et prit possession, le 11 du même mois [2]. Cet ecclésiastique n'était pas parent du fondateur.

Lorsque Barbeu avait sollicité sa présentation du procureur de Notre-Dame, celui-ci l'avait refusée en alléguant que la nomination de Riou était un fait accompli. Cette résistance n'arrêta pas l'impétrant qui réussit à rester maître de la chapellenie et la possédait encore à la Révolution.

Nous donnons la généalogie qui établissait les droits de Barbeu du Boullay, en y joignant celle que Boutrot produisait, mais qu'il ne pouvait appuyer de pièces justificatives.

---

(1) Un ecclésiastique, non pourvu d'un bénéfice, ne pouvait être admis à la prêtrise, sans qu'il lui fut assuré une rente par sa famille.

(2) Acte devant Pierre Leray.

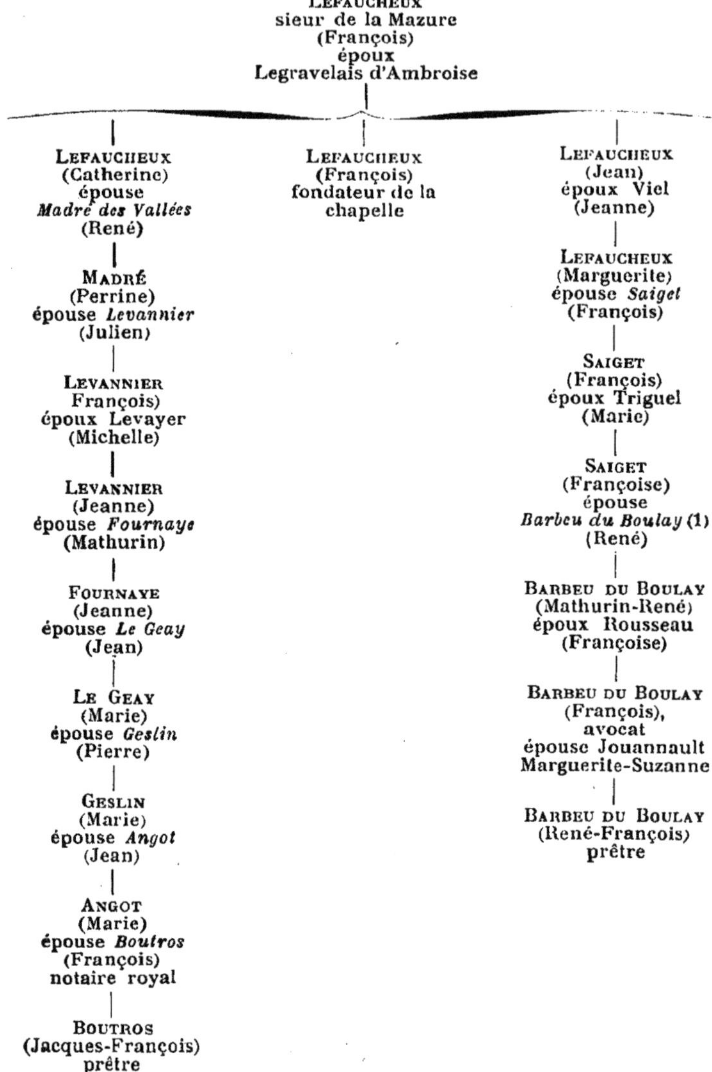

(1) V. Contrat de mariage devant Etienne Leroy, notaire royal, du 4 mai 1683

En 1789, les biens de la chapelle des Faucheux consistaient en :

1° Les maison, jardin et dépendances, de l'angle de la Grand'-Rue et de l'impasse du presbytère, composant deux habitations :

L'une occupée par le chapelain, d'un revenu d'environ 210^{tt} .... 210^{tt}

L'autre louée à Dutertre, libraire.......... 165^{tt}

2° Un pré, nommé le pré Thébault ou Thibault ou champ au curé [1], situé près la Bévinière, sur le chemin de ce village, paroisse de Notre-Dame de Mayenne, loué à la veuve et aux enfants de Pierre Sorieul, moyennant un fermage de...................... 52^{tt}10^{s}

Il contenait un journal et demi environ et avait pour abornements, au midi, le champ de Maine de la Mauhitière ; au nord, le champ de Melleray, de la Bévinière ; d'un bout, un pré de la Mauhitière et d'autre bout, le chemin de Mayenne à la Bévinière et à Saint-Léonard [2].

3° Et un petit jardin, sis à la Croix-Melleray, paroisse de Saint-Martin de Mayenne, loué à Coquereau pour 15^{tt}, « contenant trois journées d'homme, joignant d'un bout une portion de jardin à Pierre Plé, d'autre bout la Grand'-Rue, d'un côté un jardin faisant partie de la prestimonie de la sacristie de Saint-Martin de Mayenne, et d'autre côté un jardin aux héritiers Grégoire »...................... 15^{tt}

Total du revenu.............. 442^{tt}10^{s}

---

(1) Ce pré est porté au cadastre sous le nom de Prè-Curé, section A2, n° 387, pour une contenance de 91 ares 50 centiares.

(2) V. bail devant Lesage, notaire à Mayenne, du 13 juin 1786.

La maison de Notre-Dame et le pré étaient loués, en 1668, à Pierre de

La nation vendit la maison le 18 mai 1791, moyennant 11.500[tt] au titulaire même de la chapelle, René-François Barbeu du Boullay. Elle fut revendue sur folle enchère, par suite de la déportation de ce dernier, le 17 ventôse, an III (7 mars 1795). On lit sur l'affiche de la mise en vente cette désignation de l'immeuble : « Une maison composée d'une salle par bas, une petite boutique à côté, une suspente, deux caves au bout, une cuisine, une petite laverie, deux chambres à feu par haut, une chambre morte, deux petits cabinets tant par haut que par bas, grenier sur le tout, une cour derrière la dite maison, pour entrer dans laquelle il y a un portail ouvrant sur le cul-de-sac du Temple de la Raison, (c'est-à-dire en face de l'église de Notre-Dame), dans laquelle cour, il y a une fosse d'aisance et un petit appartement dans lequel ramasser les volailles ; au bout de la dite cour il y a un petit jardin dans lequel il y a une buanderie et un cellier distribué dans icelle, avec un grenier sur le tout ; lesquels susdits appartements par haut s'exploitent par le cul-de-sac du Temple de la Raison et ceux du bas par la Grand'-Rue de cette commune ».

On aliéna aussi nationalement :

Le pré Thibault, le 31 janvier 1791, pour 1550[tt].

Le jardin de la Croix-Melleray, le 11 mai 1791, moyennant 475[tt].

Lors de la Révolution, on aurait emprisonné Barbeu du Boulay aux Cordeliers de Laval ; son nom figure dans la liste, que possédait M. Couanier de Launay, des prêtres qui y furent incarcérés, dressée le 20 juin 1792 [1].

M. F. Lecoq a écrit : « René-François Barbeu du

Troisverlets, sieur de Coulonges, moyennant « six vingt livres de ferme, par chacun an ». (Voir *résiliation de bail* convenue entre le sieur de Coulonges et Jacques Treton, sieur de Fiefgirard, mandataire du chapelain Levannier, devant Michel Davoynes, notaire à Mayenne, le 3 juillet 1668.

[1] V. L'*Eglise du Mans durant la Révolution*, complément de l'*Histoire de l'Eglise du Mans*, par Dom Paul Piolin, tome Ier, page 492.

« Boullay fut toujours très attaché à ses devoirs sacer-
« dotaux, mais ne se défendit point, au début de la Ré-
« volution, d'une certaine sympathie pour les idées nou-
« velles, ce qui le fit choisir pour aumônier de la milice
« citoyenne. Cependant, sommé d'adhérer à la Constitu-
« tion civile du clergé, il s'y opposa courageusement et,
« sur la fin de 1791, prenait le chemin de l'exil.
« M. Barbeu reparut à Mayenne vers le printemps de
« 1795, puis, au cours de cette année et de l'année sui-
« vante, évangélisa diverses paroisses de la région,
« parmi lesquelles nous devons citer Champgenéteux,
« Hardanges et Villaines-la-Juhel. Nous n'avons pas de
« renseignements sur ce qu'il devint de 1797 à 1800 ;
« nous voyons figurer son nom sur le tableau des prê-
« tres catholiques qui desservirent depuis lors l'église
« du Calvaire de Mayenne jusqu'à la mise à exécution du
« concordat (mai 1803). M. Barbeu mourut à Mayenne
« en 1809 » [1].

Les meubles qui garnissaient son appartement à
Mayenne, après avoir été inventoriés par René Edon,
membre du Directoire du district de Mayenne, le 14 plu-
viose, an II (2 février 1794), furent sur la poursuite de
Pottier, agent national, vendus aux enchères par Joseph
Hay, huissier à Mayenne, les 21, 22 et 23 ventôse suivants (11, 12 et 13 mars 1794). Le produit de la vente
s'éleva à $1203^{\#}$ 1 sol 6 deniers.

Le déporté possédait un petit pied-à-terre à la Chevallerie, commune de Marcillé-la-Ville. Louis-François
Fléchard « huissier républicain et du cy-devant duché
de Mayenne », mit aux enchères les objets qui s'y trouvaient, le 26 germinal, an II (15 avril 1794). La réunion
des prix d'adjudication s'éleva à $242^{\#}$ 15 sols.

Par arrêté de l'administration centrale du département de la Mayenne, du 27 messidor, an VIII (16 juillet 1800), la famille Barbeu du Boullay fut envoyée en possession des biens de René-François Barbeu du Boullay et notamment des métairies de la Chevalerie et de la Bordelaie qui avaient été confisquées par la nation lors de sa déportation [1].

(1) Voir *licitation* devant Bourdon, notaire à Mayenne, du 9 avril 1810.

LA PETITE-ANGLECHÈRE

La chapelle, dite de la Petite-Anglechère ou de la Petite-Englescherie, dont les biens étaient situés au lieu de ce nom, paroisse de Colombiers, fut fondée par Jean Bouju, sieur de la Jarriaie, et Françoise Gaultier, sa femme, aux termes de leurs testaments ci-après rapportés :

Le vingt-neufiesme jour de juillet, l'an mil cinq cens soixante et quatorze.

Davant nous, Jehan Rivière, notaire au duché de Mayenne et y demeurant,

A esté présent, en sa personne,

Jehan Bouju, sieur de la Jarriaye, aussi demeurant audict Mayenne, soubzmettant...

Lequel, estant détenu de malladie corporelle et néanlmoings sain d'esprit et d'entendement, ainsi qu'il nous a apparu et aux tesmoings soubzcritz, considérant que hommes sont néz soubz ceste loy et condition, qui leur convient une foy à mourir, dont l'heure est incertaine,

A faict et ordonné son testament et dernière vollonté en la manière qui ensuyt :

En premier lieu, le testateur, après s'estre au préalable signé de la croix, a recommandé son âme à la glorieuse Trinité, à la vierge Marye et à tous les sainctz et sainctes du paradis, supplyant icelle Trinité luy faire pardon par le mérite de la douloureuse passion de nostre Seigneur Jésus-Christ et, après la séparation de son âme avec le corps, la colocquer au reuyaume des biens heureux ; et, la séparation advenue, se rapporte à la discrétion et vollonté de sa bien aymée espouse, Françoise Gaultier [1], d'ordonner du lieu de la scepulture de son corps et de l'estat de ses obsèques et funérailles.

Veult et ordonne son corps estre porté par six poures et que, à chascun d'entre eulx, il soyt baillé une aulne et ung cartier de drap bureau, — que le jour de sa sépulture il soyt faict ung service solennel et chanterye par tous les prebtres qui se y trouveront, en la manière accoustumée, en l'église de Notre-Dame de Mayenne, en laquelle il sera enterré, — et que, par après, il y soyt dict ung annuel et en l'église de Columbiers un trantain grégorial.

Item. — Veult et ordonne qu'il soyt dict et célébré, à perpétuité, une messe, par chascun jour de la sepmaine, en l'église, pour le remède de son âme et de sa dicte espouse, après qu'elle sera décédée, et de leurs amys et parens.

Et, pour l'entretien, fondation et dotation duquel service divin, ledict testateur a donné et laissé, à perpétuité, le lieu et mestairye de la Petite-Angleschère, en la paroisse de Colombiers, soubz les signeuryes de la Gauberdière et l'Ecluse, ainsi que ledict lieu poursuyt et comporte en toutes choses, pour en jouyr par le chapelain ou chapelains qui diront lesdites messes à l'advenir, — à la charge que ledict chapelain sera tenu payer qua-

(1) Françoise Gaultier avait épousé en premières noces P... du Chesnay, dont elle eut un fils Pierre du Chesnay, écuyer, premier lieutenant du prévôt provincial du Maine, en résidence à Mayenne, qui se maria à Marie Bouju Ces derniers eurent pour enfants : 1° Françoise du Chesnay, épouse en troisièmes noces de René Lair de la Brunellière, avocat à Mayenne ; 2° Jacques du Chesnay, écuyer, premier lieutenant du prévôt, à Mayenne, époux de Marie de Bouessel ; 3° Anne du Chesnay, mariée à Denis Dorbes. Les époux du Chesnay-Bouessel laissèrent six enfants : Marie, Pierre, François, Marguerite, René et Jacques du Chesnay. Celui-ci épousa Guillemine Boittin dont il eut Françoise, Marguerite, Renée et Jacques du Chesnay.

rante solz tournoys, par chacun an, au curé et procureur de la fabricque de la dicte église en laquelle son dict corps sera enterré, par moityé ; quelle somme de quarante solz icelluy testateur donne et lègue audict curé et procureur de la fabricque à la charge de dire, par chascun jour de dimanche, à yssue de grand'messe parochial, ung « Subvenite » avec les oraisons accoustumées sur sa fosse.

Lequel lieu de l'Angleschère ledict testateur charge ses héritiers de faire indampner par les signeurs de fief desquels il est tenu, et où ils seroient refusans de ce faire, veult et ordonne que ses héritiers baillent aultres de ses héritaiges à jouyr ausdicts chapelains, jusques à la concurance de soixante livres tournoys de rente que peult valoyr ledict lieu. Et, par ce que ledict bien est des acquestz faictz par ledict testateur constant le mariage de luy et de deffuncte Guillemyne Triguel, sa première femme, veult et ordonne que, au cas que ladicte Gaultier, son épouse, vueille participer de moytié au lais faict dudict lieu de l'Angleschère pour l'entretien des dictes messes, ainsi qu'elle luy a toujours déclaré, — que les enfans issuz de son premier mariage soyent récompenséz par ladicte Gaultier d'une moytié dudict lieu de l'Angleschère sur les acquestz communs.

Et ledict testateur veult et ordonne que ledict chapelain ou chapelains soyent comméz et esleuz par luy et ses héritiers masles, portant son nom, et par luy et les héritiers semblablement de ladicte Gaultier.

Item. — Donne et lègue, pour l'entretien du service du divin Sacrement ung escu, à une foys payer, et pareille somme à l'Hostel-Dieu de Paris.

Item. — Veult et ordonne qu'il soyt donné et payé à Jehanne Collet, de la Jarriaye, ou ses co-héritiers, au cas qu'elle soyt décédée, la somme de quarante livres tournoys pour bonnes et justes causes.

Item. — A ledict testateur déclaré et affirmé qu'il a entièrement payé à honorable homme M° Pierre du Chesnay, son gendre, la somme et denyers qui luy avoyt promise en faveur du mariage de luy et de sa fille, en oultre la somme de huict vingts escuz, ainsi que ledict du Chesnay, à ce présent, est demeuré d'accord et confesse, fors en l'esgard desdicts huict vingts escuz...

Ce testament, modifié ultérieurement par Jean Bouju, fut rectifié par Françoise Gaultier, sa veuve, aux termes d'un codicille devant Guillaume Guyard, notaire au duché de Mayenne, le 11 septembre 1588, de la manière suivante :

Et sur ce que deffunct sire Jean Bouju, sieur de la Jarriaye, second mari de la dicte Gaultier, et ladite Gaultier avec luy auroient fondé une chappelle de quatre messes par sepmaine et (légué) vingt aulnes de grosse toille pour revestir la pauvre orpheline de la paroisse de Coullombiers; ausquelles charges de quatre messes et vingt aulnes de toille ladicte Gaultier auroict modéré ladicte fondation, qui fut faicte dès le vingt neufiesme jour de juillet mil cinq cent soixante et quatorze, par contrat passé par maistre Jean Rivière, nottaire du duché de Mayenne, portant sept messes et auroict voullu qu'il en soict seullement dict quatre, et au lieu des autres trois messes, lesdictes vingt aulnes de toille soient baillées et délivrées par le chapellain de ladicte chappelle, comme il est dict par le second contrat d'icelle reformation, du...

Ladicte Gaultier, testatrice, a voullu et ordonné, suivant ledict contrat dudict jour vingt neufiesme juillet mil cinq cent soixante et quatorze, que le fond de ladicte chapelle, qui est la terre de la Petite-Angleschère, sittuée en la paroisse de Coullombiers, soubz la seigneurie de la Gauberdière et l'Escluse et de la Fontaine, soict admortye vers les seigneuries de fief, et que les héritiers de ladicte testatrice en facent la dilligence et poyent avec les hérittiers dudict deffunct Bouju les frais, etc.

Laquelle fondation et constitution de ladicte chappelle, ladicte testatrice a ratifiée, louée et approuvée, par les présentes, et a voullu qu'elle sorte son plain et entier effect ; à laquelle chappelle, pour jouir du temporel d'icelle et faire le divin service et charges d'icelle, après le déceds de maistre Jean Le Marchand, prêtre, à présent pourveu de ladicte chappelle, ladicte testatrice a présenté, par les présentes son testament, Pierre Beauvais, fils bastard de deffunct Mᵉ Pierre du Chesnay, vivant, premier lieutenant du prévôt des mareschaux, au cas que ledict Pierre Beauvais soict prestre et non autrement.

Item. — Ladicte testatrice a donné, à une fois payer, la somme de quatre escuz à l'Hôtel-Dieu et aux filles repenties de Paris, par moityé.

Item. — Donne et lègue à Jeanne, de Sillé, son antienne chambrière la somme de dix livres tournois de pension annuelle, la vie durant d'elle Jeanne, de Sillé, payable, savoir est, le premier terme à commencer à huictaine après le déceds de la dite testatrice et continuer la vie durant de la dicte Jeanne.

Auquel Pierre Beauvais, dessus nommé, la dicte testatrice a donné la somme de douze escus de pension viagère pour l'entretien aux escolles et pour luy ayder à parvenir à la dicte dignité sacerdotale et le deffraier jusques à ce qu'il soict prestre et qu'il jouisse de la dicte chappelle, au cas qu'il veille estre prestre.

Item. — A voullu et consenty, la dicte testatrice, et a donné et légué à Anne Dufoulgeray, veufve de deffunct François Gaultier, la somme de vingt escuz, pour récompense des affaires qu'ils ont eus ensemble...

La dame de la Jarriaye choisissait comme exécuteurs testamentaires Jacques Labitte, docteur en droit, juge général du duché de Mayenne, Louis Le Goué, « premier des lieutenants de Monsieur le prévost provincial du Maine » et enfin « discrette personne maître Jean Le Marchand, prestre », le titulaire de la chapelle.

Après Jean Lemarchand, nous trouvons comme titulaire de la chapellenie :

.... Doyen, prêtre, demeurant à Brecé.

.... Pierre Bargave.

1781. — René-Antoine Rouzière, prêtre.

En 1788, Jean-René de Hercé, seigneur du Grand-Coudray, en Chantrigné, présentateur de la chapelle de la « Petite Angleschère en Colombiers, comme étant aux droits de Simon-René de Gasté », céda gratuitement son droit de présentation à son frère Jean-François de Hercé, seigneur du Plessis, même paroisse, par acte devant Pierre Leray, notaire apostolique à Mayenne, du 22 juillet.

Dans ce contrat, le cédant de Jean-François de Hercé est nommé « Simon-René de Gasté », et indiqué comme parent du fondateur Jean Bouju. Il s'agit sans doute de Simon-René de Gasté, écuyer, seigneur de la cour de Commer, mari d'Anne de la Rye, décédé à Mayenne le 2 mars 1762, qui eut entr'autres enfants Joseph-René de Gasté, chevalier, seigneur de Boucé, et Maurice-Simon de Gasté, écuyer, seigneur de La Pallu. Simon-René de Gasté, écuyer, était fils de Simon Gasté, sieur de la Marchandière, seigneur de la Cour de Commer, de la Chabossais et de Baudais, marchand de vins en gros, commissaire aux revues et logements des gens de guerre, et de M... du Chesnay, née le 24 août 1660, décédée en 1733 [1].

La Petite-Engleschère, fief hommagé de la seigneurie de l'Ecluse, est mentionnée comme telle dans

---

[1] Simon de Gasté, né le 24 août 1662, marié le 12 juin 1686, mourut le 6 mars 1731.

une montrée dressée les 18, 19, 20, 21, 22, 25 mars et 25 mai 1782 par François-Jean-René Lemétayer, notaire royal, et par Jean-Baptiste Robineau, notaire au duché de Mayenne, demeurant l'un et l'autre à Levaré.

Il dépendait de la Petite-Engleschère, dans le fief des Boullais, qui était de l'Ecluse, un champ dit des Boullais ou des Gages, situé à l'angle formé par le chemin de Colombiers à l'Ecluse et par celui de Gorron à Saint-Denis. Le chapelain devait, pour cette pièce, au seigneur de l'Ecluse, 5 bouesseaux rez de froment rouge, mesure de Barre.

LA NOUETTE

La chapelle dite de la Nouette est une fondation de
Jeanne Dubois, veuve de Thomas Girault, contenue
dans le testament qu'elle dicta à Julien Lemonnier
(ou Lemoulnier), notaire du Mans et du Bourgnouvel,
le 30 décembre 1579. En voici la teneur :

« *Item*.— Ladicte Dubois, suivant la bonne volonté de
« son deffunct mari et d'elle, par laquelle leur intention
« était de fonder une chapelle de deux messes par
« semaine sur le lieu de la Nouette, (paroisse de Pari-
« gné), ce qu'il eût fait par testament, s'il n'eût été sur-
« pris et prévenu de mort, et afin de prier Dieu perpé-
« tuellement pour leurs âmes et (celles de) leurs amis
« trépassés, même pour leur postérité. En considération
« qu'ils ont fait plusieurs acquêts et, tant pour son dict
« mari que pour elle, elle a fondé et érigé, de son nom,
« une chapelle, qui sera nommée la chapelle de la
« Nouette, de deux messes, de bas, à la charge d'être
« dictes, par chaque semaine de l'an, aux jours de lundi
« et vendredi, à perpétuité, à la chapelle du cimetière
« Saint-Antoine, de sept à huit heures du matin, et, à la
« fin et issue de chaque messe, un *Subvenite* et *De pro-*
« *fundis* sur leurs fosses, avec aspersion d'eau bénite
« par les prêtres chapelains de ladite chapelle étant
« dévêtus... »

Le chapelain de la Nouette devait être un prêtre de
la descendance des époux Girault, et, s'il n'y en avait
pas, un prêtre de l'église de Notre-Dame et de Parigné
alternativement, choisi par les procureurs de chaque
fabrique.

Etienne Dubois, prêtre, frère de la fondatrice, fut le premier chapelain.

On ne peut citer qu'un petit nombre de ses successeurs :

Jean Letourneux, prêtre. Comme il était infirme, on l'avait autorisé à célébrer les messes de la fondation dans la chapelle du Saint-Esprit, à l'Hôtel-Dieu de Mayenne.

François Margoton, prêtre, demeurant à Parigné, qu'on a déjà vu titulaire de la chapelle des Nézans.

François Cousin, prêtre.

Bordelet, prêtre, demeurant à Parigné.

Jean Fougerolles, prêtre, sacristain à Notre-Dame de Mayenne (1759).

Julien Jardin, prêtre (1789).

Les biens de la chapelle furent vendus nationalement, le 16 septembre 1791, moyennant 1415 tt. Ils étaient loués 50 tt par an, suivant bail du 3 octobre 1788.

Il n'y a plus à Parigné de lieu portant le nom de la Nouette. Une note manuscrite laisse supposer qu'il consistait en une courtillerie voisine des Brigaudières, comprenant des pièces portant les noms du Friche de la Butte, du Grand-Friche, du Chêne-Corbeau et de la Bruyère.

Une portion d'un champ dit du Ronceray, situé à Montgriveul, paroisse d'Oisseau, faisait partie des biens de la Nouette.

LES CONTENS

—

Le bénéfice connu sous le nom de « chapelle des Contens » est dû à la générosité de Françoise Choquet, épouse en premières noces de Louis Blanchet, et en deuxièmes noces de Louis Pitard, sieur de la Grange. Sa fondation fit l'objet d'un contrat reçu par Julien Lemoulnier, notaire royal du Mans et du Bourgnouvel, demeurant à Mayenne, le 7 septembre 1584, puis fut réitérée et complétée par l'acte suivant :

Comme ainsi soyt que, par cy-davant et dès long-temps, honorable femme Francoyse Chocquet, dame de la Grange, veuve en premières nopces de deffunct honorable Me Louys Blanchet, vyvant advocat, sieur de Villefoulon, en secondes nopces aussi rellaissée veuve de deffunct honorable homme Me Louys Pictard, vyvant aussi licencié ès-loix, sieur de la Grange, eust de sa pure et libérale vollonté, à ce la mouvant, fondé et dotté, en bénéfice perpétuel, une chappelle ou chappellenye, nommée la chappelle des Contens, à estre desservye en l'église Nostre-Dame de Maienne, à quatre messes par sepmaine, pour estre dictes et célébrées en icelle église par le chappellain ou cháppellains successivement, aux jours de dymanche, mercredy, vendredi et sabmedi, par chascune sepmaine de chascune année, pour et à l'intention tant de la dicte fondatrice que desdicts Blanchet et Pictard, ses mariz, et aultres ses parents et amys trespassez, pour les causes et aux charges plus à plain portées par le contrat d'icelle fondation : est-il que *ce jourdhuy quinziesme jour* de may l'an mil cinq cens quatre-vingtz-six, après-midi, ès courtz royaulx du

Mans et du Bourgnouvel, par davant nous, Julien Lemoulnier, notaire desdictes courtz, demeurant en la
ville de Maienne, fut (présente) et personnellement
establye ladicte Françoise Chocquet, dame de la Grange,
demeurant en ceste ville de Maienne.

Laquelle, deuement submise avec touz ses hers, biens
et choses meubles et immeubles, présens et advenyr, au
pouvoir et juridiction desdictes courtz et de toutes autres,
si mestier est, à l'effet et entretien des présentes ; et, après
luy avoir esté par nous faict lecture mot après mot du
dict contract de fondation et dotation reçeu et passé par
nous notaire, en dacte du septième jour de septembre
l'an mil cinq cens quatre-vingtz-quatre, quel contract
de fondation et dotation icelle Chocquet a loué, ratifyé
et approuvé, par ces présentes, voullu et consenty icelluy
contract sortir son plain et entier effect en toutes choses.

Et, pourtant que par inadvertance elle auroit rellaissé
à y employer aulchune chose dont elle s'est depuis remé-
morée,

A d'abondant, par ces mêmes présentes, dotté, fondé
et érigé et voullu demeurer en perpétuelle fondation et
dotation ledict lieu et mestairye des Contens, situé en la
paroisse de Bellegeard [1].

(1) La métairie des Contens était alors composée « d'une maison manable,
coupverte de thuille et bardeau, avec une grange et estable coupverte semblablement de thuille, et d'un petit appentiz derrière ladicte grange, coupvert
semblablement de thuille et bardeau ; d'un petit jardin à choux et porée
contenant ung hommée à homme bécheur et ung verger estant au bout des
dictes maisons, contenant un quart de journal de terre ; des pièces de terre
nommées : le Cloux du Four, contenant un demi journal ; le Petit-Vivyer, contenant trois quarts de terre ; le Grand-Vivyer, y comprys le vivyer ou
douve estant en icelle et une noë au bout, contenant deux journaux un
quart ; la Broce contenant un journal, avecques ung jardin, nommé les
Planches, contenant un quart de journal ; le champ de la Rogardière, contenant un demi journal, avecques une pièce de terre labourable et une noë
au bout, nommée les Rochers, contenant le tout deux journaux de terre ; le
Cloux-Lattay, contenant un demi-journal ; le Bicain, fors trois planches en
icelle, contenant un journal un quart ; le Champ-Long contenant un quart de

A la charge de dyre et célébrer, par chascune sepmayne de l'an, à perpétuité, par le chappelain ou chapp-
pellains de la dicte chappelle des Contens, chascun d'eux
successivement, les dictes quatre messes, en bas, et icelles estre deservyes, dictes et célébrées, par chaschune
sepmayne de l'an, comme dict est, à perpétuité en ladicte
église Nostre-Dame de Maienne, ausdicts jour de
dymanche, mercredi, vendredi et sabmedy, scavoir est :
deux d'icelles à l'aultier (autel) de la chappelle de la
Sainte-Trinité de la dicte église, et les deux aultres à
l'un des prochains aultiers de sa sépulture, d'icelle église,
après avoir par lesdicts chappellains deuement tynté
les cloches et convocqué ceulx qui voudront assister à
la célébration desdictes messes, et, à la fin et yssue de
chaschune d'icelles messes, être dict par ledict chappellain le *De profundys* et oraisons *Quesumus domine*
et *Fidelium*, avec aspersion d'eau béniste sur la fosse et
sépulture de la dicte Chocquet et du dict deffunct
Me Louys Pictard, estant ledict chappellain encores re-
vestu, et qu'il soyt par ledict chappellain faict commé-
moration, ledict jour de vendredi, en sa dicte messe, des
cinq playes de Nostre-Saintneur (Seigneur) et rédempteur Jésus-Christ.

Quel lieu et mestairye des Contens, ladicte Chocquet

journal, avecques une piecze de terre nommée les Petites-Touches, contenant un journal de terre ; les Grandes-Touches, contenant deux journaux,
avec une pièce de terre, nommée les Contens et une jaulnaie au bout non
labourable, contenant le tout quatre journaux et demi ; les Petits-Contens
contenant trois quarts de journal ; l'Ousche-du-Feu, contenant trois quarts
de journal ; le Petit-Escoltay, contenant un demi-journal ; la Noë-Ronde,
contenant un demi-journal ; deux portions de pré, prises dans le Pré du
Bourg, et une autre portion entre ces deux portions, le tout contenant trois
hommées de pré fauchable ; une autre portion de pré, prise dans le même
pré, contenant une hommée ; un pré nommé des Contens, une noë au bout,
avec lande aussi au bout, le tout contenant, tant pré que terre, cinq hommées d'hommes faucheurs ; une noë nommée la Noë d'Esvron, contenant
une demi-hommée de pré, avecques une noë, nommée des Mortiers, contenant une demi-hommée ».

a donné et donne, par ces présentes, à perpétuité, pour la dicte fondation et dotation d'icelle chappelle ou chappellenie des Contens; lequel lieu, terres et immeubles des Contens, ladicte Chocquet a dict estre de valleur et revenu annuel de la somme de vingt-six escuz deux tiers ou environ; pour jouyr par lesdicts chappellains successivement et en estre par eulx pris et perceu les fruitz et esmollumens dudict lieu.

Aux charges dudict service divyn ci-desssus.

Mesmes à la charge de faire dyre et célébrer par le curé, chappellain et aultres prestres habitués en icelle église Nostre-Dame de Maienne, aussi à perpétuité, par chascun premier dimanche de touz les moys de l'an, à la dilligence et fraiz dudict chappellain ou chappellains, ung service sollempnel de grande messes et vigilles seulement, pour les âmes des deffunctz trespassez de la dicte paroisse Nostre-Dame dudict Maienne, à dyacre, subdyacre et porte-chappe; et pour leur sallaire veult qu'il soyt baillé et paié scavoir est: au curé pour chaschune messe et vigilles dix solz; au dyacre, subdiacre, porte-chappe et secretain, chascun deux solz six deniers, et aux aultres prestres assistans en surpelitz chaschun deux sols, et aux enfants qui diront les leczons et assisteront à chaschun un lyard. Et, au cas qu'il intervint que les jours et festes de Pasques, Penthecoste, Fête-Dieu, octave d'icelle Feste-Dieu, Toussainctz ou feste des Roys, tombassent au premier jour des moys dont se doibt faire ledict service, veult et ordonne icelluy estre remys et transféré au second dimanche ensuivant de chaschun desdicts moys; et où ledict service ne se puisse faire lesdicts jours ne aulchuns d'ilceux, ordonne et veult que ledict chappellain, qui sera lors pourveu, envoye à ses fraiz et despens aux Cordeliers de la ville de Laval jusques à la somme de quarante-cinq solz, avec mémoire et advertissement pour faire dire et célébrer ledict service, ad ce qu'il ne retarde pas à estre faict, et d'en retirer par ledict chappellain, à chaschune foys, acquit et certifficat du gardien dudict couvent. De tout l'effect duquel service, elle veult et entend ledict chappellain estre et demeurer chargé ensembles des fraiz d'un anniversaire légué par son testament, aus mesmes paiements desdicts premiers dimanches du moys.

Et, pour le regard du don et legs de quarante solz porté par son dict testament, pour l'entretien du *Subvenite* qui a de coustume estre célébré à l'yssue du prosne de la grande messe paroichiale d'icelle église Notre-Dame de Maienne, scavoir : trente solz au curé et dix solz à la fabricque, veult et entend ledict don estre entretenu et qu'il sorte son plain et entier effect ; le paiement et acquict de laquelle somme de quàrante solz perpétuelz, elle veult estre semblablement payéz et acquitéz, par chascuns ans, à l'advenir par ledict chapellains des Contens, aux jours et feste de Pasques, à perpétuité.

Item. — Et, en outre ce, a donné et légué et veult qu'il soyt aussi paié par ledict chappellain, à perpétuité, à la fabricque dudict Maienne, par chascuns ans, aultre et pareille somme de dix solz tournois de rente, au jour et terme de Sainct-Gilles, pour l'entretien d'icelle église Notre-Dame de Maienne et fabricque d'icelle, et que le don et legs des cinq solz de rente perpétuelle par elle faict pour l'entretien de la confrarye du Saint-Sacrement d'icelle église Notre-Dame dudict Maienne, avecques aultre pareille somme de cinq solz faisant assemblement la somme de dix solz, aussi léguéz à ladicte confrarye par ledict défunct M. Louys Blanchet, son premier mary, soyt aussi entretenu par ledict chappellain, et le paiement desdicts dix solz faictz, par chascuns ans, audict jour et feste du Saint-Sacrement ou au dedans des octaves de ladicte feste. Quel lieu des Contens elle veult y demeurer hypothecqué et obligé et le y affecte et hypothecque, par ces présentes, à la charge de faire aussi, par ledict chappellain, l'acquict de ladicte somme de dix solz, par chascuns ans et à perpétuité.

Outre, à la charge que ledict chappellain ou chappellains des Contens successivement seront tenuz tenyr ledict lieu, terres, immeubles des Contens de la terre et segneurie du Bourgnouveau [1] apartenant au Roy, nostre souverain segneur, et de paier et acquicter, par chascuns ans, à l'advenir, à la recepte de la dicte segneurie, scavoyr est : cinq boisseaux et demy d'avoyne, mesure de Maienne, et dix-huict solz de taille à esmaige [2], dix solz de censif, avec douze denyers deubz pour et à cause de ladicte piecze de l'Ouche-du-Feu, le tout

(1) Bourgnouveau, c'est-à-dire Bourgnouvel, actuellement commune de Belgeard.

La métairie des Contens relevait du prieuré de Belgeard. Dans un aveu, rendu le 19 avril 1701 à Louis-Nicolas de Neufville, duc de Villeroy, seigneur, par engagement, de Bourgnouvel, par Denis Vallet, prêtre, prieur-curé de Belgeard, celui-ci confessait tenir, à foi et hommage lige, le presbytère, la grange dimeresse... « les terres de la métairie des Contens appartenant à Monsieur Lefaucheux (un des chapelains de la chapellenie des Contens), avec une portion de pré à prendre au travers du grand pré des Contens... Pour raison des dites choses ci-dessus spécifiées, je suis, ajoutait-il, tenu de dire ou faire célébrer, par chacun an, au mercredi ès féries de Pentecôte, en l'Eglise dudit Belgeard, une grande messe à haute voix, avec vigille et faire procession autour de ladite église et cimetière du dit Belgeard, pour le repos des âmes des rois très-chrétiens de ce royaume, pour la prospérité du roi, notre sire, pour mondit seigneur et pour les paroissiens vivants et trépassés de ladite paroisse. Avec ce, je reconnais tenir la grange de Sainte-Anne de la Herperie, à présent en ruine, comme aussi que les pailles des dîmes de la dite chapelle Sainte-Anne appartiennent à mondit seigneur, et que les grains en provenant m'appartiennent ; en raison de quoi, je suis tenu de dire et célébrer ou faire dire ou célébrer le nombre de trois messes, à basse voix, par chacune semaine, savoir : deux messes à la chapelle dudit lieu de Sainte-Anne et la troisième en l'église de Belgeard ; le tout pour la prospérité de mondit seigneur, de ses prédécesseurs et de ses amis trépassés ».

(2) Cette « taille à esmaige » se retrouve dans l'aveu du 19 avril 1701, résumé en partie à la note 1 qui précède. Le prieur-curé de Belgeard avouait tenir, à

par chascuns ans, au jour et terme d'Angevyne ou aultres
termes en l'an ; et pourtant que ladicte Chocquet a dict
n'estre encores de présent dame propriétaire de ladicte
portion de pré par elle acquise de Morice Fraudin, com-
prise en la présente fondation, veult et entend que, au
cas qu'elle fust par cy-après rémérée par ledict Fraudin
ou aulchuns de ses lignaigers, que les deniers qui pro-
céderont du réméré d'icelle portion soient receuz et prys
par les mains dudict chappellain des Contens, comme à
luy apartenant et deppendant de ladicte fondation ;
lesquelz elle veult et entend estre néantmoins par ledict
chappellain remployéz en terre et immeuble qui sera
réputé comme la propre nature des immeubles de ladicte
chappelle, sans ce qu'il en puysse aultrement disposer.

Et de laquelle chappelle ou chappellenye ladicte Chocquet, fondatrice et donatrice, a retenu la présentation, sa
vye durant, à la charge qu'elle veult et ordonne que le
chappellain qu'elle y a par cy-devant présenté, qui est
Me Jehan Le Marchant, prestre, y soyt et demeure continué et le y continue, par ces présentes ; et après le décès
d'icelle Chocquet, elle a donné et laissé ladicte présentation d'icelle chappelle des Contens au procureur de
fabricque de ladicte église Nostre-Dame de Maienne, sur
ce, premièrement prys et appelé avec lui des plus prochains héritiers ou parens d'icelle Chocquet en ligne
masculine ou femynine, avec Monsieur le Juge dudict
Maienne ou son lieutenant successivement, en son absen-
ce ; laquelle présentation sera faicte par leur advys et

foi et hommage lige, du duc de Villeroy le bien de la Bossetière, dépendant
de la seigneurie de Bourgnouvel et confessait, être tenu payer, par chacun
an, au jour et fête de la Nativité de Notre-Dame dite « Angevine, la somme
de dix-huit sols de *taille esmage...* »

Le prieur de Belgeard était exempt de guet ou garde au château de Mayenne
et ne payait aucun coutume à Mayenne « pour toutes sortes de marchandi-
ses, tant à pied qu'à cheval ». (Voir, sur la Taille émage, *Le Duché de Mayenne*, page 40, note 3).

direction, scavoyr : d'un homme d'église yssu de sa ligne masculine ou femynine, au cas qu'il fust resydant en ceste ville de Maienne ou bien qu'il voullust prétendre d'estre homme d'église au dedans de l'an de ladite présentation ; et cependant sera ledit prétendu chappellain tenu faire ou faire faire et entretenyr ledict service divyn cy-dessus. Et, au cas qu'il dit chappellain vacquast après ledit an révollu, qu'il ne fust deuement pourveu aux saints ordres, veult ladicte fondatrice en estre pourveu d'autre chappellain et que, ce pendant ladicte vaccance advenante, soient les fruictz dudict lieu des Contens prys et perceuz par ledict procureur de fabricque pour estre convertiz audict service divyn, à la charge aussi que, à mutation de chappellain, soient iceulx chappellains tenuz paier, lors de la dicte présentation, audict procureur de fabricque d'icelle église Nostre-Dame et proffict d'icelle seullement soixante solz tournois.

Et au parsur[1] veult et ordonne ladicte chappelle estre indempnée et décrectée sur touz et chascuns ses biens tant meubles que immeubles, par ses héritiers au cas qu'elle ne ce puisse faire sa vye durant ; et aussi, au cas qu'elle fust prévenue par mort, veult que, à la diligence de ses dicts héritiers, icelle chappelle soyt décrectée et indempnée sur touz et chascun ses biens, dedans de l'an de son décès, et que à ce faire y pourront estre contrainctz ; et néantmoins s'est ladicte Chocquet constituée possesseure desdictes choses et immeubles léguéz audict entretien et fondation et dotation d'icelle chappelle, pour et au nom dudict chappellain ou chappellains, ausquels elle a promys garantir lesdictes choses dudict don vers et contre touz, toutes fois et quantes, à peine de toutes pertes, dommaiges et intérêtz.

Et, à l'effect de ce que dessus, ladicte Chocquet, do-

___

(1) « Au parsur » c'est-à-dire pour parachever, pour en finir, enfin.

natrice, a constitué et, par ces présentes, constitue N...
procureur, pour demander et poursuyvre, en son nom,
le décrect et indempnité et dépeschemens par tout où
il apartiendra, etc.

Faict et passé audict Maienne, maison d'icelle Choc-
quet, ès présences de honorables personnes René de
Bazogers, sieur de Grazay, Louys du Tronchay, sieur
de la Tousche, demeurans audict Maienne, et Gervais
Lemoyne, demeurant en la paroisse de Bellegeard, et
Michel Mesnage, demeurant en la paroisse de Saint-
Baudelle, tesmoyns requis; laquelle Chocquet et ensem-
ble ledict Mesnage ont dict ne scavoir signer. Présent
aussi, discret Me Marin Nezen, prestre, curé dudict
Maienne et y demeurant. Faict que dessus.

Signé : R. de Bazogers ; L. Tronchay ; Lemoynne ;
M. Nezen ; Lemoulnier, — tous avec paraphe.

La fondation de la chapellenie des Contens fut accep-
tée par l'acte suivant :

A touz ceulx qui ces présentes verront (nous), Julien
Le Moulnier, notaire royal soubzsigné, demeurant en la
ville de Maienne, certifions à qui il apartiendra que
cejourd'huy xxvie jour de mai l'an mil cinq cens quatre-
vingtz-six, après midi, sont comparuz par davant nous,
en leurs personnes, chascuns de discret Me Jehan Lemarchant, prestre habitué de Maienne, en l'église
Nostre-Dame de Maienne, et honorable Me Jehan de
Bazogers, sieur de la Rogerie, procureur de la fabricque
de ladicte église Nostre-Dame dudict Maienne.

Lesquelz, après avoir entendu et leur avoir été faict
lecture de mot après mot du contrat de fondation et dotation de la chappelle des Contens, mentionné au contrat
de fondation cy-dessus, faicte par honorable femme
Françoyse Chocquet, dame de la Grange, par laquelle
fondation elle auroit donné et laissé après son décès la
présentation de ladicte chappelle audict procureur de la

fabricque de l'église de Nostre-Dame dudict Maienne, aussi qu'elle auroit présenté pour premier chappellain, ledict Lemarchant à la dicte chappelle ou chappellenye des Contens, pour estre deservye en l'église dudict Maienne.

Aux charges d'icelle fondation, ils ont iceulx de Bazogers et Lemarchant, chascun en ce que à luy touche, déclaré qu'ilz acceptaient et stippullaient comme de faict ilz ont stippullé et accepté scavoir est :

Ledict de Bazogers, ladicte présentation, de ladicte chappelle à l'advenyr, pour et au nom de ladicte fabricque de l'église Nostre-Dame de Maienne.

Et ledict Lemarchant, la présentation d'icelle chappelle à luy faicte par ladicte Chocquet, à toutes les charges et conditions portées par ladicte fondation.

Auquel effect, ilz ont, chascun en son égard, constitué et, par ces présentes, constituent leur procureur Me... pour requérir l'omologation de ces présentes, partout où il apartiendra.

Dont leur avons et à chascun d'eulx décerné acte, pour leur servir et valloir, en temps et lieu, ce que de raison.

Faict audict Maienne, en présence de noble Lazare Lemaignen, archer des Gardes du corps du roy, sieur de la Belottière, et honorable homme Ambroys Brocier, licencié ès-droictz, advocat, sieur de l'Aulnay, demeurant audict Maienne, et le sieur Pierre Morin, boullenger, demeurant à la chaussée de Quictay, paroisse de Saint-George-de-Bouctavant, tesmoyns requis, qui ont signé.

Signé : J. de Bazogers ; Lemarchant ; Lemaignen ; R. Brocier ; P. Morin ; Le Moulnier.

La chapelle des Contens, appelée aussi « Chapelle Chocquet » du nom de sa fondatrice, a eu pour chapelains :

1640. — Jean Lecornu, prêtre, décédé en 1651.

1651. — Michel Chocquet, prêtre.

1705. — Pierre Le Faulcheux, sieur des Eteppes, décédé en 1726. C'était un prêtre du diocèse du Mans, fils de Pierre Le Faulcheux, sieur des Eteppes, grenetier au Grenier à sel de Mayenne, et de Françoise Gastin. Celle-ci, durant son veuvage, lui avait assigné, pour titre sacerdotal, 50^{tt} de rente viagère sur le lieu du Moulin-Clément, paroisse de Châtillon-sur-Colmont [1].

1726. — Louis Bourgoin de la Bourgonnière, prêtre du diocèse du Mans, demeurant à Saint-Martin de Mayenne, pourvu de la chapellenie par l'évêque du Mans, le dix mai 1726, en prit possession par acte devant René Davoynes, notaire royal et apostolique héréditaire, à Mayenne, le 21 du même mois, en présence de Michel Davoynes, Guy Fourneau et Jean-Baptiste Guyard, prêtres ; Michel et Marin Nocher, marchands ; Pierre Gandais, marchand ; René Lair ; René George et François Chauveau.

Bourgoin avait été présenté le 24 avril 1726, par :

Premièrement. — Le procureur de la fabrique de l'église de Notre-Dame de Mayenne, Nicolas de la Motte, sieur de Beauvais, conseiller du roi, doyen des élus au siége de l'Election de Mayenne.

Deuxièmement. — Gilbert-René de Chapedelaine, chevalier, seigneur d'Isle (en Brecé), juge civil et ordinaire au duché-pairie de Mayenne.

Troisièmement. — Et les parents ci-après de Françoise Chocquet :

1º Jean-Charles Lefebvre, sieur des Rouzières, mari d'Anne-Marguerite Sédillier de la Merveille [2].

---

[1] Acte devant Michel Davoynes, notaire royal à Mayenne, du 9 novembre 1688.

[2] Une dispense de bans de mariage, délivrée le 19 Octobre 1723, nomme le futur époux « Jean-Charles Lefebvre d'Argencé, paroissien de Notre-Dame de Mayenne ». Il était en effet fils d'Urbain Lefebvre d'Argencé et de Marguerite Dubois de la Chablière.

2º François Pouyvet, sieur de la Blinière, écuyer, conseiller-secrétaire du roi, près le parlement de Grenoble, et président au Grenier à sel de cette ville.

3º René Lefebvre de Cheverus, avocat, juge général au siége de Savigny.

Un tableau généalogique fera ressortir cette parenté et servira également à montrer les droits des chapelains Lair de la Motte et Lefebvre de Cheverus, dont il va être parlé :

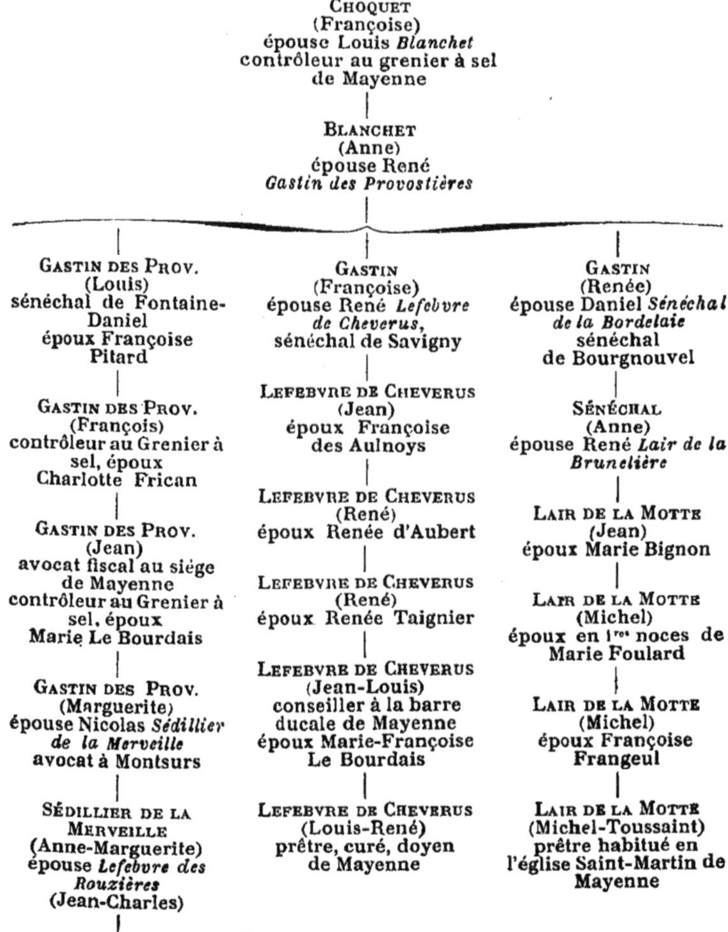

1774. — Pierre-Joseph Pattier, clerc tonsuré du diocèse du Mans, demeurant à Mayenne, paroisse de Notre-Dame. Ayant obtenu des provisions de l'évêque du Mans, il se mit en possession de la chapellenie devant Pierre Leray, notaire royal apostolique à Mayenne, le 15 novembre 1774, en présence de : François et René Hay, prêtres ; Joseph-François-Augustin-René Moulinière, avocat aux sièges de Mayenne ; Julien Morin, prêtre, curé de la Bazoge-Montpinçon ; René-François Barbeu du Boulay, prêtre, demeurant au faubourg Saint-Martin de Mayenne.

Ce titulaire de la chapelle était fils de Pierre-Joseph Pattier, officier commensal du duc d'Orléans. Il se démit purement et simplement de ses fonctions par acte devant Leray, notaire, du 26 juillet 1785. Sa vocation religieuse n'avait pas fait de progrès. Demeuré clerc tonsuré et renonçant définitivement au sacerdoce, il épousa, en 1791, Anne-Victoire-Renée Gournay.

1784. — Michel-Toussaint Lair, prêtre du diocèse du Mans, habitué de l'église de Saint-Martin de Mayenne, qui était un arrière-petit-fils de Françoise Choquet. Sa présentation fut faite devant Leray le jour même de la démission de Pattier, c'est-à-dire le 26 juillet 1784, par Julien Mautaint, comme procureur de la fabrique, sur l'avis et du consentement de : 1° Jean-Vincent-Marie Lefebvre de Cheverus, juge général et de police à la Barre ducale de Mayenne, en qualité de juge, et de descendant de la fondatrice ; 2° Gilles-François Lefebvre des Provostières, écuyer, « gentilhomme de feue madame la Dauphine » ; 3° Louis-René Lefebvre de Cheverus, bachelier en théologie, prêtre, curé de Notre-Dame de Mayenne.

1788. — Louis-René Lefebvre de Cheverus, curé de Notre-Dame de Mayenne, qui avait été l'un des présentateurs de Lair son prédécesseur. Il eut lui-même pour le

présenter Gilles-Julien-François Lefebvre des Provostières, Jean-Vincent-Marie Lefebvre de Cheverus, son frère,
et le procureur de la fabrique d'alors, qui était Jacques-
Etienne Giffard de la Porte, avocat au parlement, procureur du roi aux siéges de l'Election et du Grenier à
sel de Mayenne, ainsi qu'il appert d'un acte reçu par
Leray, le 29 novembre 1788.

Le nouveau titulaire était infirme, et son mandataire
Jean-Louis-Julien Lecottier, prêtre, premier vicaire de
l'église de Notre-Dame de Mayenne, prit en son nom
possession de la chapelle par acte devant le même
notaire le 9 janvier 1789.

Le bénéficier de la chapellenie jouissait de la métairie des Contens, en Belgeard, donnée par la fondatrice.
Son revenu fut estimé par l'expert du Directoire du
district à 560^{tt}. La Nation la vendit le 1er octobre 1791,
pour 12.000^{tt}.

LA ROCHE-GANDON

—

Le testament de Gravier de Bas-Etre, riche et pieux bourgeois de Mayenne, qui fonda la chapellenie de la Roche-Gandon, est un document que toute analyse gâterait :

Saichent tous présents et advenir que :

Le treiziesme jour de Juin, après midy, l'an mil six cent quinze, ès courts du Roy nostre sire, du Mans et du Bourgnouvel.

Davant nous, Jehan Rouzière, notaire d'icelles, demeurant à Sainct-Martin, forbourgs de Maienne.

Personellement estably,

Honorable M° Jehan Gravier, sieur de Bas-Estre, demeurant en sa maison de Ferrechard [1], en ladicte paroisse de Sainct-Martin, submettant luy, ses hoirs et aiant cause avecques tous ses biens meubles et immeubles, présents et advenir, soubs le pouvoir, ressort et jurisdiction de nostres dictes courts et de toutes autres, si mestier est, quand à ce faict.

Lequel, par la grâce de Dieu, sain d'esprit et entendement, combien qu'il soit détenu au lict par infirmité et maladie corporelle dont il est incertain si la mort s'en pourra ensuivre, et ne voulant mourir intestat,

A fait son testament et ordonnance de sa dernière volonté, en la manière qui ensuit, savoir :

En l'esgard de son âme, il a icelle résinée et remise entre les mains de Dieu, son créateur et rédempteur, luy priant très-humblement, lorsqu'elle sera séparée d'avec

---

(1) Ferrechard, Féréchard, Férichard, à l'origine « fief Richard ».

son corps et après luy avoir faict grâce, pardon et ré-
mission de ses péchés et iniquités, collocquer icelle en
repos perdurable et luy donner lieu en la terre des vivants, implorant à cette fin les prières de la très-sacrée
Marie, ensemble toute la saincte compagnée de paradis
faire prière pour icelle afin d'enthériner sa requeste.

Et, en l'esgard de son dict corps, veult et ordonne
icelluy estre inhumé et mis à sa sépulture en l'Eglise de
Maienne, au droict de l'autel Monsieur Sainct-Julien,
proche la sépulture de deffuncte sa mère et autres ses
prédécesseurs trespassés ;

Item. — Veult et ordonne, à la conduite de son dict
corps, soit porté un cierge avec douze torches par douze
pauvres, à chescun desquels sera baillé une aulne de
drap bure.

Item. — Veult son dict corps estre porté au lieu de
sa sépulture par six hommes d'église, assistés de cinq
pauvres, garnis de chescun un pot pour mettre de l'ensens, à chescun desquels sera baillé cinq soulz.

Item. — Veult et ordonne que le jour de son obiit
soit faict et célébré service solennel en ladicte église de
Maienne, de vigilles et troys haultes messes, et pareil
service, le jour de son seme [1], huictaine après.

Item. — Veult et ordonne estre faict troys trentains
grégoriaux, le plus tost après son déceds que faire ce
pourra, scavoir : l'un d'iceulx en la dicte église de
Maienne, l'autre en l'église dudict Saint-Martin, l'autre
en l'église de Martigné-sur-Laval, le tout pour le remède
de son âme et de ses deffuncts parents et amis trespassés.

Item. — Veult et ordonne qu'il soit dispersé aux pauvres, le jour de sa sépulture, la somme de quinze livres
tournois.

---

(1) Seme ou sepme, septième, septime. On appelait ainsi le service religieux qui se faisait sept jours après celui de l'inhumation et qu'on nomme
actuellement service de huitaine.

Item. — Veut et ordonne qu'il soit délivré la somme de vingt livres, quart à quart, aux pauvres de l'Hostel-Dieu de Paris, des Quinze-Vingts, de la Rédemption des Captifs et aux religieuses d'Alenczon, qui est à chascun cent souls, à une foys paier.

Item. — Veult et ordonne que, à perpétuité, soit dict et célébrée, en ladicte église de Maienne, une messe basse, à tel jour que son obiit, à l'autel Sainct-Julian; laquelle messe sera dicte et célébrée par Me Mathurin Gravier, son nepveu, auquel il la présente pour la première foys, et sera continuée par cy-après par ses successeurs prebtres, portant le nom de Gravier, et, où il n'y aura prebtre portant le nom de Gravier, au premier prebtre issu de la ligne des Gravier.

Et, en cas qu'il n'y ait pas prebtre de ladicte ligne de Gravier ou descendu, les procureurs de fabrice de Maienne et Sainct-Martin jouiront, chascun pour une moitié, des immeubles désignés, affectés et hipotecqués à l'entretien de ladicte messe.

La présentation de laquelle messe, chapellenie ou prestimonie, se fera par lesdicts procureurs aux prebtres descendus de sa dicte ligne et toujours au plus proche ; et, où il ne s'en trouvera, les dicts procureurs seront tenutz la faire dire et célébrer et jouiront, en ladicte qualité, des fruictz et revenutz y affectés.

Item. — Le dict testateur a donné et, par ces présentes, donne de rente annuelle et perpétuelle la somme de vingt-et-une livres pour estre convertie et emploiée à l'entretien de la lampe posée devant le Saint-Sacrement et le grand autel de Sainct-Martin, à la charge que ladicte lampe sera allumée nuict et jour, par la diligence tant du procureur de fabrice que sacristes de ladite église ; sur laquelle somme de vingt-et-une livres sera baillé et délivré aux dicts sacristes, annuellement, la somme de vingt soulz pour leur peine et vacation d'alumer et entretenir ladicte lampe alumée.

Pour la fondation et dotation de laquelle messe et vingt-et-une livres pour l'entretien de ladicte lampe, le dict testateur a affecté, laissé et hipotecqué sa contingente part et portion, qui est une moitié, de son lieu, closerie de la Roche-Gandon, comme le tient et exploicte Ambroys Potier et comme l'a tenu cy-devant Jehan Ricou, moderne closier, sans rien y retenir, ny réserver, bien qu'il ne soit nullement confronté, le tout situé en ladicte paroisse de Sainct-Martin, près l'autre lieu-closerie de la Roche-Gandon, appartenant à Françoys Cornu.

A la charge que le dict M⁰ Mathurin Gravier et autres chapelains jouiront de ladicte moitié de closerie de la Roche-Gandon et s'y gourverneront comme un bon père de famille; et seront tenutz et obligéz successivement de paier annuellement, au jour et feste de l'Assension Notre-Seigneur, sur le revenu de ladicte closerie, ladicte somme de vingt-et-une livres, cy-dessus léguée pour l'entretien de ladicte lampe, entre les mains du procureur fabrical de ladicte paroisse de Sainct-Martin.

Et oultre, ledict M⁰ Mathurin Gravier et aultres chapelains seront tenutz de paier annuellement, en l'acquit dudict testateur, la somme de quinze livres tournois, faisant moitié de la somme de trente livres que ledict testateur et dame Charlotte Martin, son épouse, auroient léguée pour l'entretien du pain pour les messes célébrées en la paroisse de Maienne et ensens brûlé en ladicte église, et pour l'entretien du pain de la communion de ladicte paroisse de Maienne, aux termes portés par ladicte fondation [1], qui est le Jeudi absolut [2]. Et, par

<hr>

(1) Cette fondation fut faite par acte de donation passé devant Gervais Roullois, notaire royal à Mayenne, le 7 avril 1608.

(2) Le Jeudi-Saint, jour où l'on absolvait jadis les pénitents publics.

ce moien, demeurent les autres immeubles appartenant audict testateur, deschargés de ladicte somme de quinze livres ; ce que ledict Me Mathurin Gravier, présent, a stipulé et accepté ; lequel et sesdicts successeurs sera tenu paier les rentes seigneuriales de ladicte moitié de closerie.

Auquel testament entre [1] la maison faicte pour la lavanderie et dépendances d'icelle, située en la vallée dudict lieu de la Roche-Gandon, et le jardin de sa retenue, situé audict lieu.

Item. — Ledict testateur donne et veult que soit baillé et délivré à Geneveusve [2] Gravier, le nombre de dix bousseaux de bled-seigle, mesure de Maienne, à l'aoust prochain, pour rescompense du lieu de la Garde.

Item. — Veult et ordonne que Me Mathurin Gravier jouisse, au déceds de Me Etienne Boullier, prebtre, des immeubles, situés en la paroisse de Martigné, vulgairement appeléz les Closeries de la Frette, aux conditions portées par le contrat passé par Paris, notaire, faict entre ledict testateur et ledit Boullier, scavoir est de célébrer une messe par sepmaine et paier le *Stabat* qui se chante en ladicte église de Martigné. Et oultre, ordonne que, au déceds dudict Me Mathurin Gravier, le plus proche prebtre de sa race jouisse desdictz immeubles et consécutivement au plus proche prebtre ; et, en cas qu'il n'y aict prebtre, son plus proche parent portant le nom de Gravier en fera présentation à un prebtre, homme de bien, tel que bon luy semblera.

Item. — Veult qu'il soit délivré la somme de trente livres tournois pour faire une croix bouessée [3] au cime-

____

(1) « Auquel testament entre... » c'est-à-dire « Dans cette disposition testamentaire, relative à la chapellenie, figure... »

(2) Geneveusve ou Genevieuve pour Geneviève.

(3) Croix bouessée, croix de cimetière, buisée, boissée, qu'on garnit de branches de buis, de laurier et de feuillage à Pâques fleuries.

tière de Martigné, au désir du testament de deffunct Me Macé Gravier, son père.

A l'effect et accomplissement de ce présent son testament, ledict testateur a affecté, obligé et hipotecqué tout et chescuns ses biens jusqu'au parfait accomplissement d'icelluy et a révocqué et revocque, par ses présentes, tous autres testaments et codicilles par luy cydevant ordonnéz. Veult et ordonne cestuy sortir à effect et a nommé et esleu ses exécuteurs chescuns de vénérable et discret Me Jehan Le Tourneux, presbtre, présent et stipulant, et Me Charles Marienne, sieur de la Forest, ausquels il prist qu'ilz facent acomplir tout ce que dessus, le plus sainctement que faire ce pourra, sans exception.

Et, après que nous, notaire, lui avons leu et releu le présent son testament, il a icelluy loué, ratifié et eu du tout pour agréable : dont nous l'avons jugé.

Et quand a tout ce que dict est cy-dessus, tenir et acomplir, le dict Gravier testateur a obligé luy, ses hoirs et aiant cause avecques tous ses biens, meubles et immeubles, présents et futurs, renonsant à toutes choses à ce présent faict contraires et s'en est abstrainct et obligé, par la foy et serment de luy sur ce donné en nostre main, dont à sa requeste et de son consentement l'avons jugé et condampné à ce tenir par le jugement et condampnation des dictes courtz.

Faict et passé, audict lieu de Ferrechard, en ladicte paroisse de Saint-Martin, en présence de honorable homme Me Mathias Chesnay, chirurgien ; Me Jehan Jendry, marchant apoticaire, et Me Lazare Besnard, marchand cierger, demeurant en la ville de Maienne, tesmoings à ce requis et appellés.

Ledict testateur a dict et déclaré ne pouvoir signer à cause de son infirmité et maladie. Et, au regard desdictz J. Le Tourneux, M. Gravier, M. Chesnay, J. Jendry et

L. Besnard, ont faict chescun un sing en la minute des présents, avecques nous notaire soubs signé.

(Signé), Rouzière.

Jean Gravier habitait Férichard, au faubourg Saint-Martin, depuis peu de temps. Il occupait auparavant une maison en ville et avait même été procureur de la fabrique de Notre-Dame. C'est ce qui explique le partage de ses dons entre les deux paroisses.

Au premier chapelain, Mathurin Gravier, neveu du fondateur, choisi par le testament de ce dernier, succéda :

Mathieu Gravier, prêtre, sieur de la Rogardière, qui eut en même temps les prestimonies de la Roche-Gandon et de la Frette.

La gestion de Mathurin fut incohérente. Il avait donné procuration à deux mandataires, à Mathieu Gravier et à François Lemoulnier, sieur de la Roirie, qui consentirent bail du temporel à deux preneurs distincts. Il y eut procès devant le juge général du duché de Mayenne. Mathieu Gravier transigea avec l'un des preneurs qui reçut, à titre de dommages-intérêts, « six vingtz livres » à toucher de l'autre fermier.

Mathieu Gravier « comme fondé ès-droictz de Mᵉ Mathurin Gravier, chappelain de la chappelle de la Roche-Gandon », qui était sans doute malade, en dirigeait les affaires bailla, à titre de rente foncière annuelle et perpétuelle, à Etienne du Roil tous les immeubles dépendant de la chapelle de la Roche-Gandon y compris une rente de 10ᵗᵗ dûe par un prêtre, nommé Jean Lecornu. Le contrat était consenti moyennant une rente de 80ᵗᵗ, qui devait servir jusqu'à dûe concurrence à l'acquit des intentions du fondateur [1].

(1) Contrat devant Nicolas Lemaître, notaire, demeurant au faubourg Saint-Martin de Mayenne, du 27 mars 1646.

Les biens de la Roche-Gandon ne restèrent pas à du
Roil.

Un des chapelains Robert du Mazy ou Mazil, prêtre habitué en l'église Saint-Eustache à Paris, louait le
temporel de la prestimonie moyennant 60^{tt} de fermage,
l'acquit des 21^{tt} dues à l'église Saint-Martin, la fourni-
ture du pain de la communion de l'église Notre-Dame,
les décimes, les honoraires de la messe de chaque semaine à l'autel Saint-Julien de Notre-Dame [1].

En 1687, à la mort de du Mazil, la chapellenie, deve-
nue vacante, exigea le choix d'un nouveau chapelain.
Un prêtre habitué de Notre-Dame, Jacques Lemoine, parent éloigné de Gravier, mais protégé de
François de Bouessel, sieur de la Foucherie, avocat au siège de la Barre ducale, procureur de la fabrique de Notre-Dame, fut présenté par celui-ci. Michel
Etigneux, prêtre, procureur de la fabrique de Saint-
Martin, ajoutant foi à la sincérité de cette présentation
désigna lui-même Lemoine, mais il ne tarda pas à
apprendre qu'il avait été dupe d'une petite intrigue,
qu'il existait un parent du fondateur d'un degré plus
proche, qu'enfin le procureur de Notre-Dame avait simplement voulu complaire à un ecclésiastique de sa paroisse. La révocation de la présentation, surprise à
Etigneux, fut signée devant'Etienne Leroy, notaire royal
à la résidence de Saint-Martin de Mayenne, le 23 juillet
1687.

Nicolas Carré, curé de Louvigné, obtint la prestimonie à la place de Lemoine, sur la présentation de Bouessel et d'Etigneux, en présence de
Louis Bouvet, sieur des Avanries, Philippe Thorel, sieur
de la Lande, et Eustache Roche, sieur de la Gandon-
nière, notaire royal, demeurant les deux premiers à

(1) Bail devant Michel Davoynes, notaire royal à Mayenne, du 15 juin 1676.

Mayenne et le troisième à Martigné [1]. L'évêché du Mans lui accorda des lettres de provision le 25 août 1687 et il prit possession quatre jours après, le 29 août [2]. Bien qu'il fut accordé des provisions par l'évêché du Mans, la chapelle n'avait jamais été décrétée et érigée en bénéfice.

Au décès de Nicolas Carré, arrivé au commencement du mois de décembre 1690, Charles Roger, prêtre, vicaire de Châlons, lui succéda et prit possession le 28 du même mois [3]. Les procureurs de Notre-Dame et de Saint-Martin, Guy Billard de Lorière, juge général criminel au duché de Mayenne, et Michel Etigneux l'avaient présenté dès le 12 décembre [4].

Après la mort de Charles Roger, en 1735, son neveu René Roger, prêtre, vicaire de Vaiges, fils de René Roger, sieur de la Brosse, notaire royal à Châlons, sollicita la prestimonie de la Roche-Gandon. Les procureurs des églises de Notre-Dame et de Saint-Martin refusèrent de le présenter, quoiqu'il établit sa parenté avec le précédent chapelain. Des sommations leur furent faites et Joseph Gourdier, notaire royal apostolique à Mayenne, en dressa procès-verbal, le 18 mars 1735. Emmanuel ou Daniel Duval, sieur de la Tousche, procureur de la fabrique de Notre-Dame, avocat en parlement au siège de la Barre ducale de Mayenne, procureur au siège royal de Bourgnouvel, écarta l'impétrant : « Il ne suffit pas, disait-il, que « vous soyez le neveu de Charles Roger ; vous devez établir « que vous êtes vous-même parent du fondateur et pro- « duire des pièces à l'appui de vos allégations. Pour « moi, vous n'êtes pas, à moins de justifications ultérieu-

(1) Acte devant Michel Davoynes, notaire royal à Mayenne, du 21 août 1687.

(2) Acte devant le dit M⁰ Michel Davoynes.

(3) Acte devant Jean Jamelin, prêtre, vicaire à Notre-Dame, « notaire apostolique de la cour épiscopale du Mans ».

(4) Acte devant ledit Jean Jamelin, du 12 décembre 1690.

« res, le parent de Jean Gravier et je dois vous dire que
« je me suis mis en possession des fruits de la presti-
« monie, ainsi que le procureur de Saint-Martin. »
Ce dernier, Michel Lambleux, sieur de la Roirie,
avocat à la Barre ducale, répondit par les mêmes objections, et allant plus loin, dit au postulant :
« Vous ne prouvez pas la sincérité de la généalogie qui
« vous rattache à Jean Gravier, et je regarde la préten-
« due prestimonie comme une simple commission de
« messes que les procureurs des fabriques sont en droit
« de faire acquitter en s'emparant des fonds, au désir du
« testament ».

Cette opinion prévalut. Lambleux soumit aux habitants du faubourg un projet de partage, entre les fabriques des deux paroisses de Mayenne, des biens et des
charges de la prestimonie de la Roche-Gandon.

L'assemblée paroissiale qu'il réunit le dimanche 8
septembre 1735, à l'issue de la grand'messe de l'église
de Saint-Martin, comprenait François-René Bar-
beu-Dubourg, prêtre, curé de Saint-Martin ; Guy
Fourneau, prêtre, vicaire ; François Lambleux,
Jean Germain, François Gautier, René-Ambroise
Morin, Jean-Baptiste Le Testard de Roussillon, tous
prêtres habitués ; René Rocher, clerc tonsuré et sacris-
te ; Me François Gestière, avocat ; Me François Lambleux, procureur à l'Election ; Marin Nocher, sieur de
la Grande-Vigne, procureur syndic ; Jean Godard de
Beauchesne, marchand apothicaire ; Michel-Jean Four-
reau, bourgeois ; Nicolas Cherbonnier, René Letard,
René Morice, René Gandais, Pierre Fourré, Pierre Bourdon, René Georget, Jean Pont, François Duhail, Jean
Letonnellier et Michel Cottereau, marchands ; J. Char-
treau, Goret, Faverie.

Le procureur exposa aux habitants, que malgré ses
recherches, il n'avait pu trouver de prêtre dans les pa-

rents du fondateur de la prestimonie, et « comme, disait-il, par le testament du sieur Gravier, il est porté qu'à défaut de parents de son nom et de sa ligne, qui puissent faire et acquitter les charges de son legs, les biens par lui légués pourront être partagés entre les procureurs de la fabrique de la ville de Mayenne et paroisse Saint-Martin », il demandait l'autorisation de procéder au partage.

On a lu dans le testament que pour le cas où la famille Gravier ne fournirait plus de chapelain, les procureurs des fabriques jouiraient par moitié des immeubles légués. Ces mots n'autorisaient peut-être qu'un partage provisionnel de jouissance jusqu'à ce qu'un prêtre de la parenté du sieur de Bas-Etre pût jouir des biens et remplir les conditions imposées par le fondateur. Cette éventualité parut sans doute improbable ; d'ailleurs les termes du testament pouvaient justifier un partage définitif. Notre-Dame ayant été également de l'avis de ce partage autorisa, le 25 mars 1736, son procureur à le réaliser.

Les fabriques des églises de Notre-Dame et de Saint-Martin de Mayenne, représentées par Thomas du Vivier, sieur de Lozé, et Michel Lambleux, leurs procureurs respectifs, signèrent le partage le 29 Mai 1736.

Tous les immeubles de la prestimonie étaient situés paroisse de Saint-Martin de Mayenne.

Notre-Dame eut le premier lot qui comprenait :

1º Deux maisons « avec cheminées », séparées par un chemin d'exploitation, devants et issues.

2º Un jardin, qui joignait des maisons et un verger appartenant à l'Hôtel-Dieu de Mayenne.

3º « Une vallée rochers » sur la rivière, dite Vallée de la Roche-Gandon, où recueillir une charretée de foin. Une construction qui servait autrefois de lavanderie, située au bas de la vallée, sur le bord de la rivière, inondée souvent par les eaux, avait été détruite en 1708, parce qu'elle ne pouvait plus être utilisée.

4° Le champ Charlot et le champ du Pommier, contenant ensemble environ trois journaux, joignant un champ dit des Chauvelières, qui était la propriété de l'église de Mayenne.

Saint-Martin avait dans le second lot :

1° Le champ du Bas, « où était marqué, disait-on, le nouveau grand chemin », c'est-à-dire la route royale de Paris à Brest [1], avec ce qui restait de ce champ sur le vieux chemin. On ajoutait : « Lequel vieux chemin pour-« ra être pris et réuni avec ce qui reste dudit champ « sur ce vieux chemin, et, au cas que le chemin nou-« veau soit changé, ledit champ demeurera entier, sans « qu'on puisse demander aucune récompense en cas de « changement dudit chemin, contenant ce qui en reste « des deux bouts, un journau ou environ ».

2° Le champ de la Queue à l'âne (ou plutôt du Clos à l'âne), contenant quatre journaux, coloyant le chemin de la Davière et joignant d'un bout un champ dit de la Pierre.

3° Le petit pré « de desur le Pont-Neuf du pavé de la Madeleine, (c'est-à-dire du pont Damourette), où recueil-lir une charretée de foin ».

Il s'agit d'un pré, nommé autrefois de Malaumône, que Gravier de Bas-Etre avait acheté pendant son mariage. Afin de pouvoir en disposer en faveur de sa fondation de messe et éviter toutes réclamations de sa femme, la clause suivante avait été insérée dans un codicille qu'il fit devant le notaire Jean Rouzière, le 16 juin 1615, trois jours après son testament : « Entend « aussi ledit sieur du Bas-Etre que les terres qu'il a « annexées au lieu de Ferrechard en la composition

---

(1) Quelques habitants de Mayenne appellent encore cette route « le Grand Chemin ».

« qui est à présent demeurent dudit lieu de Ferrechard,
« comme patrimoine de ladicte Martin (sa femme), à
« la charge que le pré de Male-aumône sera et demeu-
« rera de la closerie de la Roche-Gandon, au lieu et
« place des terres annexées audit lieu de Ferrechard ».

Les charges imposées par le sieur de Bas-Etre se trouvaient réparties ainsi entre les deux paroisses :

A la fabrique de la ville incombaient : la messe basse à
faire dire le 17 Juin de chaque année, anniversaire de la
mort du fondateur ; les 15^{tt} de rente, « pour le pain à
célébrer les messes en la paroisse de Mayenne et pour
le pain de la communion de cette paroisse » ; enfin l'encens brûlé à Notre-Dame « au jour du jeudy absolu ».

A la fabrique de l'église du faubourg revenait l'obli-
gation de payer les 21^{tt} de rente devant servir à l'entretien de la lampe devant le Saint-Sacrement, au grand
autel de Saint-Martin.

Les biens partagés, moins le pré du pont Damourette,
relevaient censivement, par le fief de la Roche-Gandon, du
prieuré de Notre-Dame de Fontaine-Géhard [1] et les
fabriques lui payaient, de devoir, quinze sols six deniers.
Cette somme avait été fixée lors d'un « égail » [2], qui
eut lieu le 9 octobre 1645. Le pré du pont Damourette
était dans le fief de Férichard ou dans celui de la Madeleine qui appartenaient l'un et l'autre à Géhard.

En 1789, la vallée de la Roche-Gandon, le champ
Charlot et le champ du Pommier avaient été affermés à
René Leudière, « ancien directeur des Messageries et
carosses de la ville de Rennes », qui demeurait alors au
logis de la Roche-Gandon, par bail devant Jean-Baptiste de la Bécannière, notaire à Mayenne, du 4 mars

---

(1) Fontaine-Géhard, prieuré en Châtillon-sur-Colmont.

(2) On nommait « égail de fief » la répartition des charges du fief entre les
fraracheurs, c'est-à-dire entre les divers possesseurs des biens qui en dépendaient.

1781, savoir : la vallée pour 70[#], en espèces, et 2 livres de cire blanche, et les deux champs moyennant 160[#], en argent.

Les maisons et le jardin avaient pour locataire Françoise Belliard, veuve de François Collin, qui en payait annuellement 51[#] [1].

Le lot de la fabrique de Saint-Martin était donné à ferme à Jean Soricul, marchand boucher à Mayenne, moyennant 190[#] par an.

La nation vendit ces biens.

[1] V. bail devant Jean-Baptiste de la Bécannière, notaire à Mayenne, du 30 décembre 1786.

L'ISLE

La chapellenie, dite de l'Isle ou des Cailloux ou encore de Boyère, était ainsi nommée à cause de la situation des biens qui en dépendaient, paroisse de Saint Martin, au quartier de Boyère, sur le bord rocheux de la rivière, en face un ilôt submergé au moment des grandes eaux. Quelques personnes l'appelaient aussi chapellenie Lefaucheux du nom de sa fondatrice, Françoise Lefaucheux, veuve de Jean Gaudin, sieur de Berron.

Par son testament devant Jacques Hamon, notaire royal du Mans et du Bourgnouvel, du 19 mai 1622, la dame de Berron avait prescrit qu'il serait célébré à perpétuité, en l'église Notre-Dame de Mayenne, à l'autel de Notre-Dame ou de Sainte-Marguerite, une messe basse par semaine « avec un *De profundis* et oraison à la fin « d'icelle sur la fosse où elle aurait été ensépulturée ». La messe devait être annoncée au son de la petite cloche de l'église, et si cela souffrait des difficultés, elle serait dite de six à sept heures du matin. Le revenu de la chapellenie étant devenu insuffisant, on dut réduire les messes à douze par an.

« Et, ajoutait la testatrice, pour les dotation et paiement des peines et vacations du chapelain qui célébrera la dite messe, je donne et lègue ma petite maison manable, couverte d'ardoises, appelée le pavillon, et un petit appentis de nouveau bâti, joignant ladite maison avec un jardin au-devant, le tout en un tenant, situé au faubourg Saint-Martin de Mayenne, sur le bord de la rivière, et sur un petit jardin tendant de Boyère au lieu des Vallées, en la paroisse du dit Saint-Martin,... le tout joignant d'un côté à un jardin dépendant de l'aumônerie de Mayenne (Hôtel-Dieu du Saint-Esprit) et du bout du haut où est ladite maison aux héritiers et enfants de la défunte Anne Benoist, et du bout du bas à une pièce de terre dépendant du lieu des Vallées, à la charge par chacun des chapelains qui seront ordonnés successivement de célébrer ladite messe, et ce faisant jouiront desdits immeubles, de payer les rentes, charges et devoirs.... Veut que ses héritiers les en laissent jouir pacifiquement à ce moyen et non autrement que les dits chapelains fassent leur demeure et résidence en ladite maison, en cette ville ou faubourg de Mayenne... »

Le procureur de la fabrique était chargé de présenter le chapelain et il devait accorder la préférence à un parent de la testatrice, portant le nom de Lefaucheux ou de Biberon, pourvu toutefois qu'il consentit à s'astreindre à la résidence.

Deux exécuteurs testamentaires étaient chargés de surveiller la réalisation des intentions de la dame de Berron : Pierre Richard, sieur de la Mérière, avocat, et Jean Lefebvre de Cheverus, avocat.

Les biens légués sis, comme on l'a dit, à Boyère, un quartier du faubourg qui a disparu lors de la canalisation de la Mayenne et de l'ouverture des quais, comprenaient la maison et le jardin qui suivent :

« Une maison composée d'une salle par bas, grenier dessus couvert d'ardoises, cellier au bout de ladite maison, chambre sur ledit cellier et grenier dessus couvert de bardeau, joignant d'un côté et d'un bout le jardin ci-après dépendant de la chapellenie, d'autre côté le jardin de la mineure Armant Lacombe et d'autre bout le rocher qui sert de passage à ladite maison donnant sur l'entrée de l'ile ».

« *Item*. — Un jardin, au devant de ladite maison, et cellier, au bout duquel il y a un toit à porc ; et entre ledit jardin et ladite maison est une petite cour ou passage pour exploiter lesdits bâtiments et jardin ; et par lequel jardin s'exploite la chambre qui est sur ledit cellier, contenant ledit jardin six journées d'homme bécheux à pelle environ, joignant d'un côté l'ile et la rivière de Mayenne, de l'autre le champ des Gandelées appartenant à François Carré et le jardin de l'Hôtel-Dieu, d'un bout ledit champ des Gandelées et de l'autre les bâtiments ci-dessus et le jardin de la mineure Lacombe. »

L'ile de Mayenne, ravinée constamment par les eaux, n'apparaissait plus, au commencement du XIXe siècle, que comme un amas de graviers et de boue, couvert en été de quelques herbes aquatiques.

La maison et le jardin formant le temporel de la chapellenie dépendaient du fief dit du Fossé ou de la Vallée de Boyère, qui relevaient censivement de la seigneurie de l'Hôtel-Dieu de Mayenne dit du Saint-Esprit, à laquelle il était dû, chaque année, à l'angevine, « 4 deniers de cens et devoir seigneurial, féodal et indivisible. » A chaque changement de chapelain le nouveau titulaire payait à la Maison-Dieu 6^{tt} pour droit d'indemnité, en vertu d'une transaction en date du 5 décembre 1635 [1].

Du vivant même de la dame de Berron, sa fondation reçut son exécution.

La présentation, quoique abandonnée au procureur de la fabrique, seul, était faite par lui avec le concours des parents de la fondatrice.

Julien Carré, prêtre, demeurant à Saint-Martin, fut le premier chapelain, puis vinrent :

1690. — Jean Chaillou, sieur du Clos, prêtre, curé de Saint-Loup-du-Gast, décédé en 1719. Il était fils de Mathieu Chaillou, sieur des Lorencières, greffier à Mayenne.

---

(1) Voir l'*Ancien Hôtel-Dieu de Mayenne dit du Saint-Esprit*, page 127.

1725. — Pierre Lefaucheux.

1726. — Joseph Valiquet, prêtre, chantre à l'église de Notre-Dame de Mayenne, qui posséda également la chapelle des Faucheux. Sa présentation pour l'Isle avait été faite par Nicolas de la Motte, sieur de Beauvais, procureur de la fabrique de Notre-Dame, et par Anne Lefaucheux, une parente de la fondatrice, suivant acte devant René Davoynes, notaire royal apostolique et héréditaire à Mayenne, le 19 avril 1726.

1780. — René-Jacques Bresteau, prêtre habitué à Notre-Dame de Mayenne.

1789. — Jacques Legros, prêtre, né paroisse de Saint-Martin de Mayenne, le 20 novembre 1758 [1].

En 1790, la maison et le jardin de l'Isle, loués 60^{tt} par an à Marie Margerie, veuve François Gillot, furent vendus nationalement, le 22 vendémiaire an III, pour 2.025^{tt}.

[1] Voir notes sur Legros dans les *Documents pour servir à l'histoire de la Constitution civile du clergé de la Mayenne*, par Frédéric Le Coq. — District d'Ernée, pages 41, 51.

SAINT-JEAN-DU-FAY

—

Jean Legras, prêtre, vicaire de Notre-Dame de Mayenne, fonda la prestimonie de Saint-Jean-du-Fay ou du Feil, par testament devant Julien Frandebœuf, notaire royal à Mayenne, du 21 octobre 1650. Le passage de ses dispositions dernières qui y a trait est conçu en ces termes :

« Ledit testateur donne et fonde une prestimonie à « perpétuité, afin que le titulaire d'icelle prestimonie « fasse dire et célébrer trois messes basses, par chaque « semaine, à son intention, en l'église Notre-Dame de « Mayenne, à perpétuité ; auquel titulaire il donne aussi, « en propre et à perpétuité, le lieu du Feil, situé en la « paroisse de Saint-Baudelle, par lui acquis, comme il « se poursuit et comporte tant en sa première composi-« tion que les autres héritages qu'il a depuis acquis « audit lieu et environs ; laquelle prestimonie il pré-« sente et confère à Augustin Rivière, aux charges ci-des-« sus et encore d'en payer le droit d'indemnité.

« Et, après le décès dudit Augustin Rivière, il veut et « entend que Me René Rivière, sieur de la Mesnardière, « et, après lui, son fils Jacques Rivière en donnent la pré-« sentation à qui bon leur semblera.

« Et, après leur mort, il en donne la présentation au « procureur de la fabrique de cette ville de Mayenne ».

Parmi les titulaires, citons :

... Augustin Rivière.

... Daniel Thoumin.

... Pierre Terrard.

1693. — René Rivière, fils de Jacques Rivière, élu en

l'Election de Mayenne. Il avait été présenté par son aïeul René Rivière, sieur de la Mesnardière, par acte devant Fourmond, notaire à Mayenne, du 14 novembre 1693, et résigna ses fonctions le 24 mai 1704, devant Davoynes, notaire royal au même lieu.

1708. — René Carré, qui était un prêtre habitué de Notre-Dame : présentation devant René Esnault, notaire royal à Mayenne, du 27 avril 1708, par Jacques Rivière, dont on vient de parler.

1731. — René Carré, curé d'Averton, décédé en 1745.

1745. — Etienne Carré, diacre, fils d'Etienne, qui devint curé de Vieuvy. Dans une supplique qu'il adressait à l'évêque du Mans, le 22 septembre 1745, il sollicitait la réduction des charges de la chapellenie, disant que le bordage du Fay n'était affermé que 90^{tt} par an et qu'il ne pouvait remplir les obligations auxquelles il devait faire face, qui comprenaient « les trois ordinaires de messes, valant 75^{tt} par an, 3^{tt}12 sols de rente due aux trépassés de Saint-Baudelle, 45 sols de devoir dû au seigneur de fief, et les réparations et réfections des bâtiments du temporel ». Après enquête faite par Barbeu du Bourg, curé de Saint-Martin de Mayenne, doyen rural de Javron, l'évêque réduisit les messes à un ordinaire par semaine et à une messe « à haute voix », l'un des jours de l'octave de la Saint-Jean-Baptiste, avec recommandation de l'âme du fondateur. Carré loua le Fay, l'année suivante par bail devant Julien Foucher, notaire à Moulay, et n'en obtint qu'un fermage annuel de 90^{tt} comme précédemment. Le closier était toutefois chargé, en plus, des 3^{tt}12 sols à verser pour les trépassés de Saint-Baudelle, des rentes seigneuriales et féodales, de fournir une livre de poupée et un « aguianleu » [1], à la fête des rois.

(1) Le mot « agulanleu » est employé ici dans le sens de cadeau d'un gâteau. On s'en sert dans nos campagnes pour désigner plus spécialement les

1771. — Pierre Carré, maître ès-arts, curé de Saint-Martin de Mayenne, mort en 1790. Le 23 février précédent il avait fait devant Pierre Angot, officier municipal de Saint-Baudelle, la déclaration des biens de la prestimonie pour satisfaire aux Lettres patentes du roi, du 18 novembre 1789. Pierre Carré était fils de René Carré, marchand, et de Renée Laigneau ; celle-ci avait épousé en premier mariage Joseph Péan de Malnoë.

1790. — Edme-Julien Barbeu des Etangs, clerc tonsuré, qui obtint des lettres de collation de l'évêque du Mans, le 29 mai 1790. Il prit possession le 14 juin suivant. Ce chapelain était fils de Mathurin-René Barbeu du Boulai et de Julienne Anis. Le 15 mars 1791, le Directoire du département de la Mayenne fixa le traitement de Barbeu des Etangs « à cause de la prestimonie du Fay à 124$^{\#}$4 sols, déduction faite de 47$^{\#}$16 sols, se décomposant ainsi : un ordinaire de messes 31$^{\#}$4 sols, par an ; une messe chantée 6$^{\#}$; le rétribution à la fabri-

---

étrennes du 1er Janvier. Les enfants avaient naguère l'habitude d'aller de porte en porte, le premier janvier, souhaiter la bonne année à leurs voisins et en attendaient « un ayanleu ». La chanson de l'Auguilanneu (*Au gui l'an neuf*), a été publiée par F. Alglave, dans le journal *Le Temps*, du 2 octobre 1884.

Notre cri : « Au gui l'an neuf », qui fut peut-être, à l'origine, la figure symbolique de l'année qui commence, n'est plus que le synonyme des étrennes du premier janvier.

Au gui ! Au gui ! « Ad viscum, viscum ! Druidæ clamare solebant », dit Ovide.

Le gui de chêne, gui sacré, symbole de vie, était, comme l'on sait, en grande vénération chez les Gaulois.

> De feuilles et de glands les branches sont couvertes,
> Amis, chantons le chêne, honneur des forêts vertes ;
> Malheur à qui détruit ce géant des grands bois !
> Bretagne, tu n'étais qu'ombrages autrefois.
> Songez aux dieux, songez aux anciens prêtres.
> Sous les chênes sacrés sont couchés nos ancêtres.
> Ouvrez la dure écorce et vous verrez encor
> La druidesse blonde et sa faucille d'or.

(Brizeux).

brique de Notre-Dame de Mayenne 2ᵗ et enfin 8ᵗ12 sols pour les réparations des biens, au vingtième ».

Le lieu du Fay relevait censivement de l'abbaye de Savigny, par le fief dit du Houx [1]. François Boisard le louait moyennant 172ᵗ en espèces et la charge de payer, en l'acquit du chapelain, les 3ᵗ12 sols des trépassés et 56 sols de rente seigneuriale [2].

Le Fay, estimé par l'expert du Directoire d'un revenu de 383ᵗ13 sols 4 deniers, fut vendu par la Nation le 13 du mois de mars ou d'avril 1791, moyennant un prix de 6.050ᵗ.

(1) V. Déclaration censive d'Etienne Carré à François Odet Daydie, ancien aumônier du roi, doyen et grand-vicaire de l'archevêché de Tours, abbé commendataire de l'abbaye de Savigny, du 24 septembre 1750.
(2) Bail devant La Bécannière, notaire à Mayenne, du 13 juin 1785.

LA COCHERIE

—

Une chapellenie, dite de la Cocherie, desservie en la chapelle Saint-Antoine de l'église de Notre-Dame de Mayenne, comprenait deux messes par semaine.

Son temporel devait être situé aux Brigaudières, paroisse de Parigné.

Elle eut pour titulaires :

Cocquin, prêtre, demeurant à Saint-Baudelle.

Julien Guiller, prêtre habitué à Notre-Dame de Mayenne.

LA PETITE-HAIRIÈRE

—

On ignore le nom du fondateur de la chapellenie de la Hairière ou Henrière, dont le titulaire devait une messe par semaine en l'église Notre-Dame de Mayenne.

Elle eut pour chapelains :

Au xvii⁰ siècle, Michel Guérin et Julien Island ; ce dernier habitait Contest.

Au xviii⁰ siècle, Jacques Lemonnier, prêtre chanoine de Saint-Michel de Laval.

En 1789, le titulaire était Isaac-Pierre Leroux, prêtre du diocèse de Bayeux, ancien curé de Saint-Paul du Vernay, près Balleroy, même diocèse.

La closerie de la Petite-Hairière, en Saint-Baudelle, qui formait le temporel de la prestimonie fut vendu par la Nation, le 21 avril 1791, moyennant 2.400ᵗ.

LA MULE

Une prestimonie, appelée La Mule, avait été fondée en l'église de Saint-Martin de Mayenne, par Guillaume Bazeille et Renée Girard, sa femme. Son titulaire devait être le prêtre, originaire de Saint-Martin de Mayenne, le plus âgé. Il était tenu à un service de deux messes par semaine et à un anniversaire de vigile et grande messe, le 19 octobre de chaque année.

Le temporel de cette fondation ne consistait qu'en une maison et un jardin, « situés en la Grande-Rue de Saint-Martin, côtoyant la rue aux Morts ». Après le décès, en 1785, d'André Clouet, prêtre, chanoine de Sillé, aucun des ecclésiastiques de Saint-Martin ne voulut se charger de la chapellenie, dont le revenu était insuffisant. Tous déclarèrent même formellement y renoncer, par acte devant Cherbonnel, notaire royal à Mayenne, le 3 avril 1785.

La fondation fut rattachée, dit-on, à la fabrique de l'église de Saint-Martin, qui en fait posséda dès lors les biens de la Mule.

D'où venait ce nom « La Mule » ?

Il y eut à Mayenne une famille de Meules, qui avait peut-être fondé cette prestimonie.

Par ailleurs, on lit dans un compte de la fabrique de l'église de Saint-Martin, de 1773, un article ainsi conçu : « Payé... pour trois quarts de soie rouge et fil, pour faire l'ornement de la Mule ». Quelle était cette Mule ?

La maison et le jardin de la prestimonie furent vendus par la Nation, le 6 février 1793, moyennant 2.900^{tt} [1].

---

(1) Il existait une chapelle, dite des Roland ou de Saint-Michel de la Monnerie, desservie en l'église de Saint-Martin de Mayenne. Nous en avons fait l'historique dans les *Souvenirs du Vieux Mayenne*, pages 204 et s.

LA SAINTE-TRINITÉ

—

Une chapellenie, dite de la Sainte-Trinité, desservie à Notre-Dame de Mayenne à l'autel de la chapelle de la Trinité, eut pour titulaire frère Eloi Ledoux, religieux, professeur de la congrégation de Saint-Maur, demeurant au monastère de Saint-Aubin d'Angers, qui en prit possession le 17 décembre 1695. Il était représenté par Jacques Auffray, procureur et cellérier de l'abbaye d'Evron.

Il y avait autrefois, au fond de l'abside de l'église de Notre-Dame, une petite chapelle dédiée à la Sainte-Trinité, construite en 1585, des deniers des habitants et surtout de ceux de François Choquet. La peste faisait alors de grands ravages au Mans, et le petit sanctuaire fut élevé « pour apaiser la colère de Dieu et le supplier d'épargner la ville de Mayenne ». Il était de style roman et avait un vitrail. Son autel en marbre noir est actuellement dans la crypte du chœur de l'église. Au-devant de la chapelle de la Sainte-Trinité se trouvaient les sépultures des familles Ricœur du Basmont et Martin du Haumont : une des pierres tombales des Ricœur sert de seuil à l'une des entrées de l'église.

SAINT-RENÉ

Marie Labitte, épouse de René de Bazogers, fonda
deux ordinaires de messes. Un prêtre habitué de
Notre-Dame, René Guiller, en fut chargé au xviie siècle.
Cette prestimonie portait le nom de Saint-René; on la
nommait aussi chapelle Labitte. Les messes devaient
être célébrées en l'église de Notre-Dame, probablement
dans la chapelle Saint-René, édifiée en 1639, aux frais
d'un membre de la famille de Bazogers. Cette chapelle
faisait partie de celles qui rayonnaient autour de l'ancien chœur de l'église, du côté de l'évangile, près de la
chapelle de Saint-Nicolas. Le devant de l'autel de la chapelle Saint-René, en granit, portant les armoiries, des
de Bazogers, « d'argent à un chevron de gueules, accom-
« pagné, en chef de deux roses, et en pointe d'un crois-
« sant de même », a été introduit dans la maçonnerie
de la sacristie de Notre-Dame et présente sa face du
côté du presbytère.

Il y avait dans les églises de Notre-Dame et de Saint-Martin une grande quantité de petites prestimonies, des centaines de fondations de messes dont les honoraires étaient assurés par des rentes constituées. L'intérêt qu'elles présentent n'est pas suffisant pour que nous en fassions l'historique, et nous nous arrêtons.

Toutes ces fondations montrent l'esprit de foi des anciens habitants de Mayenne ; et maintenant qu'elles ont disparu dans la tourmente de la fin du xviiie siècle, elles demeurent encore pour les familles de bon nombre de nos concitoyens, un titre de juste fierté. Nous nous faisons communément gloire de la considération dont ont joui nos ancêtres, du prestige de leur situation sociale, de leur noblesse, de leur savoir, de leur esprit. N'y a-t-il pas lieu d'être plus honoré de leurs vertus et de leur piété ?

TABLE DES CHAPELLENIES

—

CORRECTIONS

———

Pages	Lignes	
7	5	Lisez « termes », au lieu de « terme ».
9	28	Supprimez « qui ».
10	15	Lisez « a », au lieu de « à ».
14	7	Après « avait », ajoutez « été ».
19	34	Au lieu de « Barbeau », lisez « Barbeu ».
25	25	Au lieu de « , sa », lisez « . Sa ».
35	35	Au lieu de « , il », lisez « . Il ».
26	10	Au lieu de « , sa », lisez « . Sa ».
27	28	Après « année », ajoutez « la présentation ».
30	19	Après « Sens », mettez un point au lieu d'une virgule.
32	3	Après « moyen », ajoutez « partage ».
49	15	Au lieu de « 1727 », lisez « 1737 ».
54	9	Lisez « mensis », au lieu de « nensis ».
54	13	Lisez « Meduanâ », au lieu de « meduanâ ».
56	34	Même correction.
57	7	Lisez « Cœnomani », au lieu de « cœnomani ».
74	1	Lisez « bien », au lieu de « biens ».

TABLE ALPHABÉTIQUE

D

M

S

9 782019 938277